图书馆服务共享

杨新涯◎著

知识产权出版社
全国百佳图书出版单位

图书在版编目（CIP）数据

图书馆服务共享/杨新涯著. —北京：知识产权出版社，2016.11
ISBN 978 – 7 – 5130 – 4557 – 5

Ⅰ.①图… Ⅱ.①杨… Ⅲ.①图书馆服务—资源共享—研究 Ⅳ.①G252

中国版本图书馆 CIP 数据核字（2016）第 261802 号

内容提要

"服务共享，让图书馆无处不在"是图书馆服务理念永恒的追求，图书馆在充分完善自身文献资源支撑体系的同时，应充分尊重读者，注重读者体验，逐渐构建以需求为核心的服务联盟模式。本书提出了图书馆服务共享的理论和方法，研究了图书馆服务共享的起源和研究现状、服务共享理念及共享内容，并介绍了图书馆服务共享的体系架构和相应的实践案例。

责任编辑：张水华　罗斯琦　　　　　　　责任出版：刘译文

图书馆服务共享

杨新涯　著

出版发行：	知识产权出版社有限责任公司	网　　址：	http://www.ipph.cn
社　　址：	北京市海淀区西外太平庄 55 号	邮　　编：	100081
责编电话：	010 – 82000860 转 8389	责编邮箱：	46816202@qq.com
发行电话：	010 – 82000860 转 8101/8102	发行传真：	010 – 82000893/82005070/82000270
印　　刷：	北京中献拓方科技发展有限公司	经　　销：	各大网上书店、新华书店及相关专业书店
开　　本：	787mm×1092mm　1/16	印　　张：	12.5
版　　次：	2016 年 11 月第 1 版	印　　次：	2016 年 11 月第 1 次印刷
字　　数：	180 千字	定　　价：	42.00 元

ISBN 978-7-5130-4557-5

资源有限，而服务无限。图书馆历来重视共享工作，并将其作为提升服务能力的重要手段，但是以往围绕文献资源的共享体系，在现代社会中，随着图书馆服务内容的扩充，以及文献资源类型的多样，变得难以发展……

序　言

这是一个服务的时代

杨新涯

　　这是一个服务的时代，对于图书馆而言尤其如此。

　　服务是图书馆的永恒主题，新世纪以来，对服务的重视远远超过以往。"读者第一，服务至上""读者永远是正确的""读者是上帝"等理念和相关定律的提出，让图书馆开始摆脱"以藏为主"的思想体系。互联网的蓬勃发展为图书馆带来了更加开放的理念，图书馆的数字化进程也从以纸质文献为主转向了数字资源，为这个服务时代奠定了基础。

　　自 2004 年开始，重庆大学图书馆主导参与了两项共享体系建设，一个是 2004 年的重庆市科技文献资源共建共享项目，另一个是 2009 年的重庆市大学城资源共享系统的子项目——"网上图书馆"建设。与此同时也积极参与 CALIS、NSTL 等全国性的资源共享系统建设，在建设、实施和推广的过程中，我们深刻感受到"资源有限，服务无限"，因此彭晓东教授提出，我们应在资源共享的理念上再进一步发展，资源共享是基础。但目前的共享体系偏重于资源本身，忽略了图书馆作为服务机构的本质，忽略了图书馆的人文思想，"服务共享"才是目的，才是读者真正关心和需要的。他还认为，图书馆可以向传统的服务行业学习，比如"中国银联"模式，

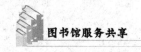

构建属于图书馆行业的"中国图联"。

的确，现代社会的信息技术发展一跃千里，伴随着 SOA、云计算、WEB2.0、大数据等信息技术的广泛应用，图书馆也产生了新型服务理念——图书馆 2.0。图书馆 2.0 的出现使个体化的共享、参与成为服务主流，"为人找书"的思想则体现了图书馆重视服务、回归人本的思想，技术的支撑、服务的环境、读者的需求，都表明图书馆服务共享是共享体系的未来发展趋向，更是资源共享所要达到的理想目标。

"服务共享，让图书馆无处不在"应该成为图书馆服务理念永恒的追求，伴随着移动图书馆、微信图书馆等新媒体闪亮登场，图书馆服务更加具有活力。在充分完善自身文献资源支撑体系的同时，充分尊重读者，体现人文关怀，注重读者体验，逐渐深化基于网络的文献服务，构建以用户需求为核心的服务模式，各个图书馆再形成合力，成为图书馆服务的重要发展理念。

历年来，重庆大学图书馆秉承"文献支撑、文化育人"的办馆宗旨，倡导"资源、管理、服务"三位一体协调发展的建设思路，"服务第一，读者至上"，从数字图书馆建设到智慧图书馆建设，积极创新，潜心实践了扁平化的图书馆服务流程、重庆市大学城"网上图书馆"、校友服务、社会读者借阅卡等一系列案例。本书在理论研究的基础上，也分享了重庆大学图书馆服务共享的一些经验。

全书分为六章，相关内容与撰写者如下：

第一章，图书馆资源共享。回顾了图书馆资源共享的发展历程、研究现状和主要模式。由王宁撰写。

第二章，一个服务的时代。介绍了图书馆服务共享以来的先进信息技术，如 SOA、云计算，探讨了图书馆 2.0 理念。由杨新涯、王宁撰写。

第三章，图书馆服务——以重庆大学图书馆为例。介绍了大学图书馆服务类型和重庆大学图书馆扁平化服务思想。由魏群义、王英撰写。

第四章，图书馆服务共享。在文献综述的基础上，研究了图书馆服务共享的起源和研究现状，服务共享理念，共享内容，介绍了图书馆服务共享的体系架构。由谷诗卉、王彦力撰写。

　　第五章，图书馆服务共享案例。分享了图书馆服务共享案例——重庆市大学城"网上图书馆"。由杨新涯、王宁撰写。

　　杨新涯负责全书架构，并统稿。

　　本书由中央高校基本科研业务费科研专项资助，是"图书馆服务共享的模式与方法研究"的研究成果（项目编号：CDJSK100216）。

　　不足之处，恳请各位学者、同仁批评指教！

2016 年 3 月 6 日　重庆大学

目　　录

第一章　图书馆资源共享

文献，作为一种人类保存其记忆的方式，在历史的舞台上已走过几千年。从古代甲骨刻字、竹简帛书、石刻碑文、活字印刷，到近现代书籍纸张、缩微胶片、光盘、硬盘，文字记录载体更新迭代，图书馆作为保存人类文化遗产的重要机构，详细记载了从古至今人类历史的发展和演变，使人类文明得以薪火相传，生生不息。世界上最早的图书馆——亚述巴尼拔图书馆产生后，满足读者信息需求的活动随即开始，这也就是我们所要说的"文献资源共享"。它贯穿着图书馆的整个发展历程，不断地革新与丰富，对于现代图书馆，资源共享作为图书馆行业服务水平与服务质量的重要体现方式，需要我们不断研究，不断深化。

第一节　图书馆资源共享概述

一、图书馆资源共享发展历程

（一）概念的提出

作为从事知识服务的核心社会机构，图书馆长期以来都高度重视图书馆之间的共享问题，这是整个业界的理想。因为没有哪一个图书馆能够收集全部的文献资源，有了这样的理想，也就会有各种各样的实践。19 世纪末，一些西方国家的图书馆以"馆际互借"的方式共享馆藏文献，以"联合目录"的方式共同揭示各馆收藏文献，"资源共享"作为图书馆领域的一个概念被正式提出。20 世纪 70 年代，在美国召开的第一届 ALA（American Library Association）大会成立了"协作委员会"，负责推广图书馆之间的合作，并将资源共享的馆际合作作为一个讨论主题，使资源共享正式走上历史舞台❶。随后，联合国教科文组织（IFLA）和国际图联（UNESCO）联合提出了"资源共享理念"❷，旨在馆际互借、互通有无，通过协作提高开发和利用文献信息资源的综合能力，实现资源的合理配置和有效利用。

（二）资源共享的发展

进入 20 世纪后，世界经济文化迅猛发展，纸质出版物大量涌现，图书馆行业日益认识到，只有依靠图书馆之间的相互合作和"资源共享"，才能满足读者的信息需求，这个共识促进了"资源共享"的发展。

最初，小规模、短距离之间的图书馆间协作是"资源共享"的运行模式，如藏书的协调分工和馆际互借。19 世纪中叶，德国的默尔首次提出图书馆之间藏书建设分工协调的思想，在此基础上普鲁士的 10 个大学图书馆划定了各自的藏书采购范围，彼此建立馆际互借关系❸。1917 年，为了促进和完善馆际互借，美国图书馆学会制定出了世界上第一个馆际互借规则，其后英国、苏联等国图书馆也制定了相应的规则。1938 年，国际图联制定了国际馆际互借规则，国际性国际互借业务也开展起来❹。到 20 世纪 40 年代，英国几乎全部公共图书馆、主要专业图书馆和许多大学图书馆都参加了馆际互借。

20 世纪 70 年代以来，联合国教科文组织、国际图联等国际组织共同

❶ 郑惠伶. 高校图书馆馆际互借与著作权问题研究 [D]. 北京：中国人民大学，2006.

❷ 朱学军. 关于国内外馆际互借业务发展的对比研究 [J]. 河北科技图苑，2007 (2)：25-28.

❸ 唐晶. 合作共享发展：图书馆文献提供服务 [M]. 北京：北京图书馆出版社，2009.

❹ 肖希明. 文献资源共享理论与实践研究 [M]. 南宁：广西教育出版社，1997.

致力于全球范围内的文献资源共享。1971 年，IFLA首次提出"世界书目控制计划"（Universal Bibliographic Control，即"UBC 计划"），旨在使用世界通用的标准与规范，建立一个世界编目网，共同交流书目信息；与此同时，IFLA 又提出了"世界出版物的收集利用计划"（Universal Availability Publications，即"UAP 计划"），旨在建立一个具有文献出版、发行、采购、存储等基本功能的国内书目系统和馆际互借网络，最大限度地为读者提供所需要的文献资源，其最终目的是实现全球文献资源共享❶。1977 年，"发展中国家图书馆资源共享会议的预备会议""国际书目（UBC）协调会议""第二次苏联东欧国家图书馆会议"都将资源共享作为议题。

互联网的蓬勃发展开启了人类文明的新时代。20 世纪末，随着计算机、通信技术、网络等技术的发展及广泛应用，联机检索系统迅速发展，欧美一些发达国家的图书馆衍生出馆际间的多种合作方式。例如，美国的 OCLC、Ohiolink、RLIN，英国伦敦与东南亚地区的图书馆协作网 LASER、德国的联合编目系统统一"资格认证中心"；到 1990 年，全球已有 644 个联机检索系统，数据库 4465 个❷，如 DIALOG、ECHO、BLAISE 等，资源共享探索进入了网络时代。

随着互联网的日趋深入，图书馆的建设和发展也进入了数字时代，以数字化的方式保存人类文化遗产已成为不可逆转的发展趋势，全世界产生了众多的"数字图书馆计划"，如 1995 年美国国会图书馆实施的"美国记忆"项目（American Memory Project）；2000 年中美两国大学和科研机构联手筹建的"全球数字图书馆"（Universal Digital Library，UDL）项目；2005 年美国国会图书馆与联合国教育科学文化组织联合推出的"世界数字图书馆"（World Digital Library，WDL）；2007 年欧盟数字内容计划委员会负责实施的"欧洲数字图书馆"（Europeana Digital Library，DEL）；这些具有代表性的数字图书馆项目，目的都在于将人类的宝贵文化遗产进行数字化典

---

❶ 肖希明. 文献资源共享理论与实践研究 [M]. 南宁：广西教育出版社，1997.

❷ 谢新洲. 商业经济信息处理和检索 [M]. 北京：书目文献出版社，1994.

藏并共享给全球用户。20 世纪初，美国大学图书馆就积极探讨资源共享，20 世纪 70 年代，美国图书馆联盟达到建设高潮，图书馆联盟旨在利用馆际互借和文献传递系统，快速共享成员馆的纸本资源和电子资源。"法明顿计划"是美国著名的以馆际互借和共编书目为特点的图书馆初级联盟，随着计算机及网络的发展，美国国家采购与编目计划（National Program for Acquisitions and Cataloging，NPAC）、国际图书馆联盟（International Coalition of Library Consortia，ICOLC）等相继出现，图书馆联盟模式多样化，如联机计算机图书馆中心（Online Computer Library Center，OCLC）、环太平洋数字图书馆联盟（The Pacific Rim Digital Library Alliance，PRDLA）、美国数字图书馆联盟（Digital Library Fedora，DLF）等。据国际图书馆联盟 2002 年统计结果，美国拥有世界上最多的图书馆联盟，占总量的 57%，目前，美国图书馆联盟拥有 200 多个图书馆联盟体❶。在资源共享实践中，日本所取得的成绩也尤为瞩目。1986 年，日本建立了全国性综合信息共享系统 NACSIS（National Center for Science Information Systems），参与系统的各大学图书馆输入馆藏资料，编制综合目录，形成了 NACSIS - CAT，进行校际馆际互借及资源共享，截至 2009 年 3 月，该系统参加馆总数达到 1224 家，其中，日本的国立大学图书馆 86 家，公立 75 家，私立 547 家，海外机构 107 家，NACSIS - CAT 书目数据突破一亿条❷。截至 2011 年，共有 86 所国立大学图书馆，87 所公立大学图书馆，508 所私立大学图书馆，73 所短期大学，57 所高等专门学校图书馆，15 所文部省所辖机关（包括资料馆、研究所、图书室等），13 所公立机关图书馆，113 所其他性质的图书馆使用 NACSIS❸。

网络时代的"资源共享"，图书馆改变了"资源共享"思路：不再局

❶ 王爽. 网络环境下高校图书馆资源共享研究［D］. 长春：吉林大学，2012.
❷ 沈丽云. 日本图书馆概论［M］. 上海：上海科学技术文献出版社，2010：128.
❸ 姚晓霞，朱强. 日本、韩国等国高等教育文献信息资源共享概况［J］. 中国教育网络，2014（2）：101－104.

限于自身的固有资源，呈现出向外扩伸趋势，跨区域、数字化、多样化；从用户角度出发，关注资源的利用率，注重用户需求和满意度，从被动等待服务转为主动提供服务。区别于以前的"馆际互借""联机检索书目"，向纵深方向发展，在内容上侧重于数字资源共享，如联合编目、电子图书、多媒体数据库、在线信息咨询等；在共享方式上除了邮寄、传真，更多的是依靠 E-mail、在线网页、即时通信软件等。

（三）我国资源共享发展概况

晚清时期，随着洋务运动和戊戌变法的兴起，一股强劲的西方新思潮涌入了古老的东方文明古国，西方图书馆"平等、开放、公开利用"的理念冲击着中国古代藏书楼"重藏轻用"的旧观，清末公共图书馆运动便随之兴起。1902 年，我国近代第一个正式的公共图书馆——皖省藏书楼创办❶；1902 年，倡导"存古开新"的古越藏书楼，成为我国第一个向社会开放的私人藏书楼❷，由此推动了我国近代藏书楼向公共图书馆的转变，促进了近代图书馆的兴起。随后，1904 年，我国诞生了第一所官办的公共图书馆——湖南图书馆❸；1909 年国立北平图书馆的建立，更标志着我国图书馆事业完成了由藏书楼向近代图书馆的转变❹。

民国时期，中国图书馆事业经历了从"古代藏书楼"到现代图书馆的彻底革新。归国的新派知识分子发起了"新图书馆运动"，"平等、开放、公开利用"的西方图书馆理念广泛传播，公共图书馆遍地开花。从民国初年全国仅有的十几所增长到 1916 年各省图书馆及通俗图书馆总数达 260 所，1925 年全国各类型图书馆已达 502 所❺，十年后的 1936 年更是发展到

❶ 吴（禾余）年. 清末新政与中国近代公共图书馆运动 [J]. 图书馆理论与实践，2008（1）：112-114.
❷ 程焕文. 晚清图书馆学术思想史 [M]. 北京：北京图书馆出版社，2004：241.
❸ 程焕文. 晚清图书馆学术思想史 [M]. 北京：北京图书馆出版社，2004：256.
❹ 徐寿芝. 民国时期公私藏书的变化与利用 [J]. 图书与情报，2009（2）：141-144.
❺ 程焕文. 中华民国时期图书馆学术史序说 [J]. 中山大学学报，1988：91-98.

1502 所❶，公共图书馆的繁荣兴办促进了藏书思想的进一步开放，体现了近代图书馆面向公众、服务社会的作用。此外，1909 年，我国第一所图书馆学专业教育学校——文华图书馆学专科学校成立；1915 年，民国政府先后颁布了《图书馆规程》和《通俗图书馆规程》，这是民国政府颁布的第一批关于图书馆事业的法律文件，这些文件为民国图书馆事业的发展提供了司法上的保障与支撑❷。1925 年，我国第一个官方图书馆学协会——中华图书馆学协会的成立，加之诸多海外归来的图书馆学专家都为近代图书馆的发展奠定了坚实的基础。

民国时期图书馆之间的"馆际互借"是我国"资源共享"的最初表现形式。1925 年，中华图书馆协会创办的《图书馆学季刊》"时论撮要"专栏中刊载的国外学者亚勒蒂的《各图书馆购借书籍之合作》一文详细介绍了美国图书馆馆际互借的成就。与此同时，我国进步图书馆学专家严文郁先生也在此期刊上撰文介绍了"馆际互借的意义及形成之大概"❸，由此，"文献资源共享"崭露头角。在 1929 年金陵大学召开的中华图书馆协会第一次年会上，"馆际互借提案""馆际互借书籍细则"被提出并决议一致通过。1939 年，民国政府教育部颁布的《修正图书馆规程》中第一次明确规定了地方图书馆"阅览部"的工作职责是"办理馆际间之互借与邮寄"，馆际互借正式成为各图书馆的业务之一；从 1934 年起，国立北平图书馆馆务报告中开始有了馆际互借的数据记录；民国史料中所见最为规范的馆际互借章程为无锡、太原两市图书馆协会的馆际互借章程❹。当时，中华图书馆协会和地方图书馆协会推动了民国图书馆馆际互借业务的成熟与发展，图书馆界"文献资源共享"得到了稳定而持续的发展。

中华人民共和国成立后，图书馆行业得到高度重视。20 世纪 50 年代，

❶ 程焕文. 民国时期图书馆事业的发展与评价 [J]. 图书情报知识，1986 (3)：36 - 38.

❷ 毛赣鸣，李黛君. 中国图书馆法制史与法权述要 [J]. 图书与情报，2011 (3)：1 - 5.

❸ 王晓军. 略论民国时期图书馆馆际互借 [J]. 大学图书馆学报，2011 (5)：109 - 117.

❹ 王晓军. 略论民国时期图书馆馆际互借 [J]. 大学图书馆学报，2011 (5)：109 - 117.

我国先后颁布了专门的馆际互借条例《高等学校图书馆馆际互借办法（草案）》《全国图书协调方案》，标志着我国文献资源共享工作的正式开启。随后，国家科学规划委员会成立了北京、上海两个全国中心图书馆委员会和9个地区性的中心图书馆委员会，共同编制联合目录，开展馆际互借等工作，为后期资源共享的开展打下了基础。20世纪80年代，资源共享发展逐渐深入：1986年中国图书馆学会学术委员会召开"全国文献资源布局学术研讨会"；1987年华东师范大学图书馆系等召开了"现代图书馆资源建设和资源共享国际研讨会❶"；1987年由国家科委和文化部发起，成立了由11个部委参加的全国部际图书情报协调委员会，负责协调编制联合目录、开放馆际互借等工作❷。20世纪90年代，随着计算机的逐渐普及和因特网的发展，我国资源共享从传统走向现代，出现了图书馆协作网络建设和联机检索系统。1998年，国家图书馆牵头建设了"全国图书馆信息咨询协作网"；1999年，国家图书馆主办了"全国文献信息资源共建共享协作会议"；1999年，教育部发起了"中国高等教育文献保障系统"（CALIS）；这一时期，资源共享从理论走向实践。

2000年至今，通过10年来的探索实践，我国信息资源共享服务体系已经较为成熟，在国家层面上，除了稳步推行的CALIS项目，2000年成立的中国国家科技图书文献中心（NSTL），2002年文化部、财政部开始启动实施的全国文化信息资源共享工程，2004年教育部启动的中国高等人文社会科学文献中心（CASHL）项目都发展良好。同时，全国范围内也出现了区域内资源共享工程，如江苏省文献资源保障系统、吉林省文献信息资源共享平台、天津市文献资源保障系统、重庆市科技文献共建共享平台等；让人欣喜的是，图书馆行业内也发起了专业特色资源共享平台的建设，如全军医学图书馆资源共享工程、北京地区财经类院校资源共享平台。

---

❶ 王世伟. 新中国图书馆服务理念与实践60年［EB/OL］. http：//www.360doc.com/con-tent/12/0221/01/4310958_188224821.shtml［2014-03-01］.

❷ 黄长著，霍国庆. 我国信息资源共享的战略分析［J］. 中国图书馆学报，2000 (3)：3-11.

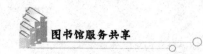

二、资源共享的研究概况

(一) 国外研究概况

"资源共享"作为一个概念起源于18世纪末期，1876年美国图书馆协会的成立促使其得到了广泛的认同，之后该领域保持着良好的发展势头❶。随着社会环境的变迁，国外图书馆资源共享从最初简单的藏书建设、馆际互借、联合编目、联机检索、参考咨询，发展到今天多样化的图书馆联盟、图书馆系统、联盟业务交流等。

1998年，Library Journal 发表了 James J. Kopp 关于图书馆间共同合作分享资源的文章❷，从此以后，图书馆合作分享资源引起了人们的广泛关注。美国图书馆协会也建立了合作委员会。1900年，美国国会建立了系统为参与馆发布目录卡片；1933年，美国的三角研究图书馆网络成立，最早加入的南加州大学和杜克大学成立了知识合作委员会，因为两所大学距离很近，因此地理优势是早期的图书馆联盟的一个重要特点。关于图书馆联盟研究，20世纪70年代之前的文献几乎没有，1972年美国教育委员会研究了全国范围内的这些联盟，并形成了学术图书馆联盟目录❸；关于联盟研究最重要的成果有：Ruth J. Patrick 的《Guidelines for Library Cooperation：Development of Academic Library Consortia》❹，这本书讨论了大学图书馆合作的概念，研究了20世纪六七十年代图书馆联盟的形成；定义了125个学术图书馆联盟，总结了这些联盟的4种模式，这4种模式仍然是现在美国图书馆联盟的基本模式。20世纪八九十年代是美国图书馆联盟繁荣发展的

❶ 孔志军. 国外信息资源共建共享研究现状及发展趋势 [J]. 图书馆建设, 2008 (5)：33－36.

❷ James J. Kopp. library consortia and information technology：the past. the present, the promise [J]. Information thchnology and libraries, 1998 (17)：7－12.

❸ Diana D. DeLanoy&Carlos A. Cuadra. Directory of Academic Library Consortia [M]. System Development Corporation, 1972.

❹ Ruth J. Patrick. Guidelines for Library Cooperation：Development of Academic Library Consortia [J]. Library Consortia and Information Technology, 1972：8－11.

时期，资源共享是图书馆联盟的重要特征，多类型合作，如合作购买、合作目录等在这一时期变得普遍，OCLC 和 RLIN 的形成为美国提供了重要的资源支持。2000 年，美国 Library Journal 发表的文章称当时图书馆联盟的数量和规模都达到了"临界数量"❶。关于图书馆联盟的研究，有如下观点：Sharon L. Bostick 讨论了图书馆联盟的含义，介绍了美国图书馆联盟发展的历史、现状，联盟的类型、管理和资金等问题❷，Barbara McFadden Allen 和 Arnold Hirshon 探讨了图书馆联盟要联合起来避免分化以及大学图书馆联盟的机遇❸。Sharon L. Bostick 从早期联盟、成长阶段、联盟经济、联盟类型等方面研究了美国高校图书馆联盟的历史发展，并指出为了解决经济问题，美国图书馆联盟应寻求新的不同的合作方式❹。Arnold Hirshon 分析了图书馆联盟在图书馆面临困境而改变管理方式时所起的作用❺。由于经费紧张，"合作发展馆藏"（Cooperative Collection Development）成为图书馆界满足读者需求的一种方式，这也是资源共享的一个重要部分。Rodney Erickson 认为合作发展馆藏是图书馆提供服务的最佳途径❻；Edward P. Miller 研究了多系统馆藏建设发展的计划及方法❼；Margo Sasse 从图书馆馆藏发展、馆藏与供应商、图书馆组织等元素出发，探讨了自动

❶　Oder N. Consortia hit critical mass［J］. Library Journal, 2000, 125（2）: 48 – 51.

❷　孔志军. 国外信息资源共建共享研究现状及发展趋势［J］. 图书馆建设, 2008（5）: 33 – 36.

❸　Barbara McFadden Allen& Arnold Hirshon. Hanging together to avoid hanging separately: opportunities for academic libraries and consortia［J］. Information technology and libraries, 1998（17）: 40.

❹　Sharon L. Bostick. The History and Development of Academic Library Consortia in the United States: An Overview［J］. The Journal of Academic Librarianship, 27（1）: 128 – 130.

❺　Arnold Hirshon. Libraries, Consortia, and Change Management［J］. The Journal of Academic Librarianship, 25（2）: 124 – 126.

❻　Rodney Erickson. Choice for cooperative collection development［J］. Library Acquisitions: Practice & Theory, 1992, 16（1）: 43 – 49.

❼　Edward P. Miller. Collection development in a multi – system cooperative: An acquisition policy and plan［J］. Library Acquisitions: Practice & Theory, 1986, 10（4）: 329 – 333.

化收购馆藏合作发展的前景❶。Stephen E. 和 Wiberley Jr. 研究了馆藏合作管理的理论等❷。目前，国外关于资源共享方面的研究有：Goldner. Matt 和 Birch. Katie 回顾了全球资源共享的发展历程，分析了在云计算时代资源共享所要面临的社会问题并提出了解决办法❸；Posner Beth 探讨了数字时代资源共享面临公平正义、权利理论、功利主义和公共利益四个方面的道德挑战❹；Fourie Ina. 出版专著研究了全球资源共享❺；Posner Beth 和 Simpson Evan 重新思考了资源共享计划的使命，提供了创新计划、策略和实践，使更多的资源满足用户的需求❻。Leon L. E. 指出当资源共享面对信息成本、运输成本、使用限制等方面的问题时，图书馆应研究出有效的方法来提升资源共享的质量❼。

（二）国内研究概况

1957 年 9 月，国务院批准颁布的《全国图书协调方案》为我国图书馆信息资源共享研究拉开了帷幕❽。"文革"期间，图书情报事业遭受严重破坏，研究被迫中断。20 世纪 70 年代末，资源共享研究有了初步恢复，《利用 MARC Ⅱ 机读目录系统建立书目数据库共享情报图书资源的探讨》一文的发表，标志着文献资源共享作为一种理论形式在我国被明确提出。1986

---

❶ Margo Sasse. Automated acquisitions：The future of collection development ［J］. Library Acquisitions：Practice & Theory, 1992, 16（2）：135 – 143.

❷ Georgine N. Olson&Barbara McFadden Allen. Cooperative collection management：the conspectus approach ［M］. New York and London：Neal – Schuman Publishers, 1994：107.

❸ Goldner. Matt，Birch. Katie. Resource sharing in a cloud computing age ［J］. Interlending & document supply, 2012, 40（1）：4 – 11.

❹ Posner，Beth. The ethics of library resource sharing in the digital age ［J］. Interlending & document supply, 2012, 40（2）：119 – 124.

❺ Fourie, Ina. Global Resource Sharing ［M］. Emerald group publishing limited, 2014.

❻ Beth，Evan. The Rethinking Resource Sharing Initiative：education，advocacy and inspiration for libraries ［J］. Interlending & document supply, 2011；39（3）：142 – 147.

❼ Leon，LE. Linking four libraries 9, 012km apart：steps to global resource sharing ［J］. Interlending & document supply, 2004, 32（1）：30 – 37.

❽ 朱莹莹. 九十年代我国文献资源共享研究综述 ［J］. 图书馆建设, 1994（4）：89 – 92.

年年初，中国图书馆学会召开了"出版物资源共享国内学术讨论会"，推动了国内信息资源共享研究的步伐。1990 年，中国图书馆学会以"资源共享"为主题在广州召开了"第五届全国图书馆学会青年学术研讨会"，深入探讨了我国资源共享的一系列问题，标志着资源共享稳步地向前发展。以中国知网（CNKI）为例，调研"图书馆资源共享"主题文献，搜索统计结果：80 年代（1980—1989），资源共享论文 67 篇，90 年代（1990—1999）495 篇，2000 年到现在已达 4135 篇。这其中，各类研究资助基金项目共有 145 篇，博士、硕士学位论文 291 篇，分析发现：从 20 世纪 80 年代开始，资源共享有了初期研究，90 年代有了较大发展；基金项目、博士、硕士论文都集中在 2000 年以后，资源共享研究进入白热化。通过大量文献调研，资源共享研究方向主要集中在以下几个方面。

1. 资源共享基础理论

我国资源共享理论研究是从"文献资源共享"逐渐过渡到"信息资源共享"，徐恩元提出：图书馆文献资源共享，就是指两个以上的图书馆之间彼此共享对方的文献资源以满足本馆读者文献需求的文献利用活动❶。孟广均等在《国外图书馆学情报学研究进展》一书中介绍了国外关于信息资源的数字化、存取与拥有、文献传递等理论研究情况，认为网络图书馆的本质是信息资源的共建和共享❷。目前，关于资源共享概念，更为广泛传播的是程焕文等在《信息资源共享》一书中提出的：信息资源共享主要是利用各种技术、途径和方法来建立各个图书馆之间以及图书馆与其他相关资源特有机构间的协作互补关系，达到共同揭示和共同建设信息资源的目的，从而最大限度地满足广大用户对信息资源的需求❸；戴龙基最早谈到"图书馆联盟"（Library Consortia）的概念，认为它是实现文献资源共享的

❶　徐恩元，我国图书馆文献资源共享的发展方略［J］．四川图书馆学报，1995（3）：25－33.

❷　孟广均，徐引篪．国外图书馆学情报学研究进展［M］．北京：北京图书馆出版社，1999.

❸　程焕文，潘燕桃．信息资源共享［J］．北京：高等教育出版社，2004.

重要组织形式❶。马费成从经济学角度出发，深入阐述了信息资源共享的经济效率和市场规划问题，他认为机会成本高是阻碍资源共享的重要原因❷。

2. 资源共享模式与平台

合理的发展模式决定了资源共享实际所能取得的效果，模式建设是资源共享的根本问题，因此，资源共享模式一直都是图书馆学界研究的重点。从 20 世纪 90 年代起，我国学者就把目光投向了欧美等发达国家，注重研究借鉴国外资源共享的成功经验。如孔兰兰等研究了法国图书馆信息资源共享模式的概况、管理与组织、联盟经费来源、技术标准、共享内容与形式、特点等，重点对法国图书馆信息资源共享模式进行研究分析，指出法国图书馆的信息资源共享实践既有世界各国图书馆的普遍做法，也有独特之处如信息资源共建共享经费的筹集方式，认为国内文献资源共享体系值得借鉴❸。李朝阳和高波通过合作成员与合作范围对英国信息资源共享模式进行了研究，阐述英国图书馆联盟的组织体制和管理体制以及经费来源，论述英国图书馆联盟在信息资源共享中的主要共享内容、共享形式、共享特点及其存在的问题，认为英国图书馆信息资源共享活动卓有成效，期望能对我国图书馆的信息资源共享活动提供一定借鉴❹。朱强介绍了英国高校在信息资源共享方面采取的对策和措施❺。马江宝对台湾地区图书馆联盟在组织形式、管理体制、经费来源及运作、资源共享形式和内容等方面进行了研究❻。

---

❶ 戴龙基，张红扬. 图书馆联盟——实现资源共享和互惠互利的组织形式 [J]. 大学图书馆学报，2000（3）：36 – 39.

❷ 马费成. 信息资源共享的经济效率——以书刊为例的分析 [J]. 中国图书馆学报，2003（4）：5 – 9.

❸ 孔兰兰，高波. 法国图书馆的信息资源共享模式 [J]. 图书情报工作，2010（21）：58 – 61.

❹ 李朝阳，高波. 英国图书馆信息资源共享模式研究 [J]. 图书情报工作，2009（03）：137 – 141.

❺ 朱强. 英国高等学校的信息资源共享 [J]. 大学图书馆学报，1998（6）：1 – 5.

❻ 马江宝. 台湾图书馆联盟的信息资源共享模式及启示 [J]. 新世纪图书馆，2011（8）：74 – 76.

资源共享平台的建设，是实现信息资源共建共享的前提，直接影响着读者获取共享资源的质量。国内关于共享平台的研究有：区域内资源共建共享平台的研究，如潘妙辉、吴昊的《广州市职业教育信息资源共建共享系统平台构建》❶；孙冬林、鲁兴启以宁波纺织服装产业为例，探讨了区域产业文献资源共享平台的建设❷；杨思洛、陈湘杰研究了湖南省长株潭区域信息资源共享体系的构建❸；另外，也有跨区域平台研究，如胡开胜等的高校图书馆与公共图书馆资源共享平台研究等方面的研究与探索❹；张巧娜、孟树奎的海峡两岸科技信息资源共建共享。还有行业内资源共享平台研究❺，如查先进探讨了网络环境下政府信息资源共享、保密和平台设计问题❻；黄书立研究了吉林省党校系统资源共建共享及运行机制❼；吕莉媛从主观因素（平台建设者和使用者）和客观因素（技术平台、管理平台和标准规范平台）分析了图书馆信息资源共享平台建设的影响因素❽。

　　3. 资源共享机制与策略

　　戴维民主张从物质、制度、文化三个层面开展研究，建立一个立体的、具有整体演化和可持续发展以及充满创新活力的信息资源共建共享运行机制和保障体系❾。张新鹤、肖希明调查分析了我国图书馆信息资源共

❶　潘妙辉，吴昊. 广州市职业教育信息资源共建共享系统技术平台构想［J］. 图书馆论坛，2010（06）：160 – 164.

❷　孙冬林，鲁兴启. 区域产业文献资源共享平台建设的探讨——以宁波纺织服装产业为例［J］. 浙江万里学院学报，2011（5）：13 – 15.

❸　杨思洛，陈湘杰. 长株潭区域信息资源共享体系之构建［J］. 图书馆，2011（03）：87 – 90.

❹　胡开胜，肖静波. 高校图书馆与公共图书馆服务体系的资源共享平台研究［J］. 图书馆学研究，2010（05）：49 – 53.

❺　张巧娜，孟树奎. 海峡两岸科技信息资源共建共享的设想［J］. 新世纪图书馆，2011（02）：57 – 58.

❻　查先进. 网络环境下政府资源的共享和保密［J］. 图书情报知识，2002（4）：2 – 5.

❼　黄书立. 吉林省党校系统图书馆信息资源共建共享研究［J］. 图书馆学研究，2010（18）：42 – 45.

❽　吕莉媛. 图书馆信息资源共享平台建设的影响因素分析［J］. 图书馆学研究，2011（23）：33 – 37.

❾　戴维民. 20世纪图书馆学情报学［M］. 北京：北京图书馆出版社，2002.

享机制现状，指出了我国在建立开放的共享组织及为共享发展提供监督保障和政策保障方面的不足❶；另外还有对省级、区域内、多校区的图书馆资源共享机制的研究，如刘文清、鄢朝晖对湖南地区图书馆联盟开展文献信息资源共建共享活动，研究了该区的文献信息需求环境、文献资源发展条件、合作组织成员的特点❷。何伟华、李圣清分析了图书馆信息资源共建共享的研究现状，研究了多校区信息资源共建共享管理模式与管理机制❸；张新鹤探讨了信息资源共享机制绩效评估的三个维度：机制体系的完备性评估、适应性评估及有效性评估，并具体分析了信息资源共享机制绩效评估的内容❶。

　　为了切实保障读者的需求，在实现资源共享的过程中，图书馆必须采取有效的措施，才能保证服务的品质与效率。王春梅等从 P2P 技术的角度出发，探讨了个体读者数字图书馆资源共享策略❺；翟拥华以行业为出发点，研究区域医学信息资源共享策略❻；刘继坤分析了图书馆资源共享的现状及不足，提出了基于个性化服务理念的高校图书馆资源共享策略❼；杨在娟、戚连忠介绍了浙江省内大学、科研院所、公共图书馆三大系统科技文献信息资源的基础情况，并分析了各系统间的问题，提出了浙江省科技文献资源共建共享建设策略❽。

----

❶　张新鹤，肖希明．我国图书馆信息资源共享机制现状调查与分析［J］．中国图书馆学报，2011（03）：66 - 78.

❷　刘文清，鄢朝晖．湖南地区图书馆联盟的共建共享机制［J］．图书馆学研究，2010（02）：43 - 46.

❸　何伟华，李圣清．高校多校区图书馆教学资源共享机制与多功能网络技术平台的研究［J］．高校图书馆工作，2007（06）：31 - 34.

❹　张新鹤．信息资源共享机制绩效评估初探［J］．国家图书馆学刊，2010（03）：13 - 17.

❺　王春梅，等．基于 P2P 技术的个人数字图书馆资源共享策略［J］．情报杂志，2008（04）：125 - 127.

❻　翟拥华．区域医学信息资源共享策略研究［J］．科技情报开发与经济，2011（05）：143 - 144.

❼　刘继坤．论高校图书馆的资源共享策略［J］．安顺学院学报，2009（5）：84 - 86.

❽　杨在娟，戚连忠．浙江省科技文献资源共建共享策略探析［J］．农业图书情报学刊，2008（3）：22 - 24.

4. 资源共享法律法规

法律法规是信息资源共享开展的坚实保障。信息资源共享法律方面的研究始于 1995 年，国内学者肖希明曾主张完善文献资源法规体系，要求在图书馆法、知识产权法、情报工作法规、出版法等多部法律中包含关于信息资源共享的内容❶；陈传夫从对隐私的保护、知识产权问题等方面阐述了信息资源共享需要法律的保障❷。严峰认为，实现文献信息资源共享是信息服务中知识产权保护的最终目标，探讨了知识产权与文献信息资源共享之间的关系❸。王知津等提出在信息资源共享的环境下，资源的保存与利用及其法律权利与义务，如何实现权利与义务的统一等问题❹。

三、我国资源共享的主要模式

从 20 世纪 90 年代开始，图书馆界开始尝试信息资源共建共享，21 世纪初，公共图书馆、大学图书馆、科研情报院所等几个系统迅速开始了共建共享的实践❺。十多年来，我国信息资源共享工作发展颇具规模，以下从国家级和地方级两个方面分析具体情况。

（一）国家级资源共享系统

中国高等教育文献保障系统（CALIS）管理中心在"十五"期间继续组织全国高校共同建设以高等教育数字图书馆为核心的文献保障体系，开展各个省级文献服务中心和高校数字图书馆基地的建设。目前，基本形成了以 CALIS 为中心，"全国中心—地区中心—高校图书馆"三级保障结构。

---

❶ 肖希明. 国家信息政策与文献资源共享 ［J］. 图书情报工作，1997（6）：5 - 7.
❷ 陈传夫. 21 世纪两岸信息资源共享与保护 ［J］. 图书馆学研究，1998（2）：56 - 58.
❸ 严峰. 试论我国加入 WTO 后文献资源共享与知识产权保护之间关系的调整 ［J］. 图书情报工作，2002（12）：28 - 34.
❹ 王知津，金胜勇. 图书情报领域中的信息法律问题研究 ［J］. 图书与情报，2006（2）：1 - 5.
❺ 顾潇华，李洪建. 文献信息资源共建共享运行机制研究的综合探析 ［J］. 中国图书馆学报，2001（4）：37 - 39.

CALIS 已经完成的第一、第二期建设，实现了不同介质、不同类型的纸质、电子资源之间的集成，实现了异构馆藏、虚拟馆藏的集成，建立了联合目录数据库、高校学位论文会议论文数据库、高校专题特色数据库、重点学科导航数据库等。目前，CALIS 已进入第三期建设，试图利用先进的云计算技术和数字图书馆信息技术，全面整合和提升 CALIS 原有服务与国内图书馆界的资源与服务，实现"一个账号，全国获取"的服务模式。此外，2000 年由科技部组织牵头建设的国家科技图书文献中心（NSTL），旨在促进理、工、农、医各学科领域国家级文献信息机构之间的资源共建共享。

（二）区域资源共享系统

区域图书馆资源共享体系建设在近十年发展较好，初见成效。特别是率先在全国实施的江苏省高等教育文献保障系统（JALIS），作为 CALIS 建设的一个组成部分，已经初步形成了结构优化、布局合理、配置精当的文献收藏系统，形成江苏省高等教育文献信息的保障网络，保证了江苏省高等教育现代化建设目标的顺利实现。2003 年，江苏大学图书馆与镇江市图书馆实现链接，建成共享工程市级分中心，即"镇江地区文献资源共享联合体"，实现了镇江地区各个图书馆导航、联合书目、数字资源检索下载等服务。"上海教育网络图书馆"通过使用数据化手段整合利用教育信息资源的数字化统一服务平台，为上海各教育单位的教学科研提供了保障，也提高了上海地区各级各类高校的文献保障率和信息服务水平，目前 252个大中学校图书馆已经加盟。

此外，广东、吉林、河北、海南等省也都开展了不同程度的文献资源共建共享活动，特别是经济发达地区，如北京高校网络图书馆、广东图书馆文献资源共建共享、天津市高校数字化图书馆、全军医学图书馆资源共享工程、吉林省高等教育优质教育教学资源共享服务平台等。我国西部地区四川省、重庆市已启动部分文献信息资源共建共享建设项目。

（三）自主资源共享

　　图书馆历来都有为读者服务的责任感和使命感，因此为了提高文献服务质量，一些在地域上比较接近的图书馆，自发成立了一些资源共享体系，最典型的就是广州石牌地区高校图书馆协作组。1994 年借广东省教育厅组织广州石牌地区高校联合办学的东风，在广东省教育厅和广东省高校图工委的组织下，由华南理工大学图书馆牵头成立了广州石牌地区高校图书馆协作组，探索建立区域性共建共享的文献保障模式，以保证石牌地区高校教学科研的文献信息需求，体现联合办馆的优越性。2008 年 11 月，经广东省教育厅批准，南方医科大学、广州体育学院、广东金融学院三所高校的图书馆加入协作组，成立"天河地区高校图书馆联盟"。2010 年元月，广东外语外贸大学图书馆加盟"天河地区高校图书馆联盟"，由于协作网成员馆广泛分布于天河区、番禺区和白云区，原"广州天河九校图书馆联盟"改名为"广州地区高校图书馆联盟"。此后随着广州中医药大学图书馆、广东商学院图书馆的加入，"广州地区高校图书馆联盟"已覆盖广州主要行政区，含成员馆 12 所，成为广州乃至华南地区教育教学资源的重要保障基地。

　　"卓越联盟"图书馆共享服务平台。"卓越联盟"是包括同济大学、重庆大学等 10 所国内工科强校组成的"卓越人才培养合作高校"的简称。"卓越联盟"各成员高校以共同推动高等教育教学改革与卓越人才培养为目标。2011 年，"卓越联盟"各成员高校图书馆共同签署了"卓越联盟"高校图书馆共享合作框架协议；2012 年 10 月 23 日，"卓越联盟图书馆知识共享服务平台"开通仪式在湖南大学举行，服务平台在各联盟高校同时开通。"卓越联盟"图书馆共享服务平台全面系统整合了联盟各高校图书、期刊、学术论文、会议论文和数据库的资源，实现了联盟内部资源导航和共享。目前，服务平台覆盖的资源有：图书书目 330 万种，期刊 85621 种，中文期刊 7155 万篇，外文期刊 10872 万篇，开放学术资源 3700 万篇，数据库 503 种。联盟高校师生可通过类似搜索引擎的方式一站式便捷检索、获取文献资源。该平台同步推出了手机版，更是方便师生随时随地访问阅读❶。

北京财经类院校数字图书馆资源共享。2009 年 12 月，北京地区五所财经类高校（对外经济贸易大学、首都经济贸易大学、北京工商大学、中央财经大学、北京物资学院）图书馆与北京世纪超星信息技术发展有限责任公司合作，依托该公司读秀搜索平台和跨库检索软件（Medalink），联合建设了"北京财经类院校资源共享平台"，该平台于 2010 年 1 月 1 日正式开通运行，共享资源包括五所院校图书馆的图书目录、电子图书、报纸、11 个中文数据库和 30 个外文数据库。5 所高校图书馆的读者在校园网 IP 范围内无需开户、直接登录就可以很方便地使用检索功能，本馆资源可以直接打开全文链接，外馆资源则提供免费原文传递服务❷。

第二节　主要图书馆资源共享体系

资源共享是目前图书馆行业广泛实践着的共享模式，其基础是图书馆联合书目，以实现"共知"，在此基础上实现文献的馆际互借和其他图书馆服务，也就是"共享"。下面试就目前国内外已经建成的具有代表性的文献资源共享体系的模式进行分析。

一、典型的国外图书馆资源共享体系

经过多年的发展，国外图书馆资源共享体系已经非常发达，成为图书馆业务工作的常态，其应用范围广，也广为读者所接受和使用。目前最常

---

❶ 卓越联盟图书馆知识共享平台联合开通仪式在湖南大学图书馆举行 [EB/OL]. http：// www. sal. edu. cn/information – info. asp？id = 2344 ［2014 – 03 – 01］.

❷ 张国臣，等. 北京财经类院校资源共享平台运行调查与分析 [J]. 图书情报工作，2011 (55)：92 – 95.

用的资源共享体系有 OCLC、OhioLINK 等。

（一）OCLC（Online Computer Library Center，**联机计算机图书馆中心**）

1. OCLC 概况

OCLC 成立于 20 世纪 70 年代，总部设在美国的俄亥俄州，是世界上最大的文献信息服务机构之一，是一个不以营利为目的、提供计算机图书馆服务的会员制研究组织，其宗旨是为广大的用户开发针对全世界各种信息的应用，实现资源共享，减低获取信息的成本。OCLC 由最初俄亥俄州54 所大学图书馆组成的州内图书馆协作网，发展成今天世界上最大的图书馆网络，为全球 170 个国家和地区超过 72000 个图书馆提供查询、采集、出借和保存图书馆资料以及为它们编目的服务。通过图书馆的合作将人们和知识连接起来❶。

2. OCLC 主要服务

（1）联机编目与馆际互借服务。一直以来，OCLC 坚持使用最先进的技术维护和管理图书联机编目系统，保证其他图书馆可分享其数目信息的功能。联机编目服务和馆际互借服务是 OCLC 提供的"核心"服务，其基础是"世界书目"（WorldCat）数据库，是世界上数据量最大、综合性最强的书目数据库，由遍及世界各国一万多家 OCLC 成员馆通过联合编目共同创建和维护，含有超过 5200 万条不重复的文献记录，并以每年两百多万条的速度在不断增加，覆盖了所有主题范畴和出版类型，涵盖 440 种语言的出版物，覆盖时段为四千多年，检索命中率高达 95%。联机编目服务正朝向整合的方向发展，OCLC 试图集成元数据将编目及有关服务整合于同一系统和界面下，提供更加便捷有力的服务。

OCLC 联合编目服务的同时向全世界的图书馆和信息中心提供了一种

---

❶ OCLC 简介 ［EB/OL］. http：//www.oclc.org/asiapacific/zhcn/about/default.htm ［2011 - 07 -12］.

强有力的馆际互借工具。用户通过馆际互借服务的界面检索到需要的文献，确定文献收藏地（图书馆），通过查询"图书馆章程目录"获取有关文献收藏地的图书流通政策、服务方式、服务价格等信息。然后填写求借单发送出借书请求。出借图书馆则通过适当的方式，或传真，或邮递，或通过 Arial 等将文献送至求借图书馆❶。

（2）OCLC 检索服务。1991 年开发的第一检索服务（First Search Service）是世界上同类服务中第一个"以最终用户为本"的设计原则的联机参考服务，通过无缝连接，16 个主题大类的 72 个数据库可供读者联机存取超过 1000 万篇的全文（文本和图像）。中文、英文、日文、法文、西班牙文五种语言服务，基本检索、高级检索和专家检索三种不同的检索界面和方式，为不同用户提供了十分友好的服务。图书馆也可通过 ECO 电子期刊数据库订阅 70 多家出版社的 4600 种电子版学术专业期刊。

（3）网上联合参考咨询服务。Question Point（网上联合参考咨询服务，简称 QP）是由 OCLC 和美国国会图书馆联合开发的世界上唯一的全球网上联合虚拟参考咨询服务。该服务分为三级：全球（世界范围馆际间）、区域（集团馆际间）、本地。QP 将不同类型图书馆的优势、互联网络、图书馆员结合起来，本地服务通过电子邮件咨询和实时问答两种方式，如咨询馆员无法解答，可通过 QP 的区域协作网将问题转交给合作图书馆，也可将问题提交于 QP 的全球网络，超越了时间和地域的限制。想要加入 QP 的图书馆，只要在 QP 管理系统中提交一份详细的档案即可。

（4）网上图书馆。网上图书馆（Net library）成立于 1999 年，是 OCLC 的一个分支机构，通过互联网提供电子图书服务。目前，网上图书馆提供 400 多家出版社出版的 76000 多种电子图书，每月新增书籍约 2000 种，90% 以上图书是 1990 年后出版的，主题广泛，内容新颖，主要面向大学程度文化水平的读者，也有少部分是面向中学图书馆的普通题材。网上

---

❶ OCLC 简介［EB/OL］. http：//www. oclc. org/asiapacific/zhcn/about/default. htm ［2011 - 07 - 12］.

图书馆向用户提供两种检索方法检索电子图书，读者可通过联机浏览和借阅两种方式进行阅读。电子图书采用一本书在一个时间只供一个读者阅读的操作方式，为图书馆避免重复收藏、联合采购提供了条件。

（二）OhioLINK（Ohio Library and Information Network）

1. OhioLINK 概况

OhioLINK（Ohio Library and Information Network），即美国俄亥俄州图书馆与信息合作网，始建于 20 世纪 90 年代，是由该州 17 所公立大学、23 所社区/专科学院、43 所私立大学图书馆和州图书馆构成的资源共享联盟，也是美国最著名的地区电子文献资源共享网络。OhioLINK 通过一个综合性的地区图书馆目录和 OhioLINK 中央书目库（Central Catalog）、一个联机馆际互借系统、各个学科的数据库和 48 小时的文献配送系统为 84 个成员机构的 60 万在校学生、教员和职员提供服务❶。

2. OhioLINK 主要服务

OhioLINK 具有丰富的书目数据、电子杂志、文献全文和多媒体数据库，并提供各种不同的服务。

（1）中央藏书目录体系（Central Catalog）。中央书目库包含 2100 万条独特的主数据，囊括 84 个成员馆近 4000 万件馆藏，各成员馆开展联合编目，联机存取书目记录。中央目录库的书目数据来自本地系统，各成员馆将编制的本馆书目记录输送至中央目录库中，中央书目库可连接至各成员馆的 OPAC 系统和该州以外的图书馆书目资源。该网络的藏书量逐年递增，但目录库重复率并不高。

（2）馆际互借（Patron On‒line Borrowing）与文献配送。中央藏书目录库同时兼具联机馆际互借功能。读者在查阅图书的书目信息和馆藏地后，通过网络向所属图书馆递交申请，同时直接转送到 OhioLINK 中心处

---

❶ 吴慰慈. 图书馆学基础［M］. 北京：高等教育出版社，2004：104.

理，便可以实现馆际借阅。该功能为用户提供了极大的方便，活跃了文献信息的流通。1993 年，OhioLINK 建立了文献配送系统，用户提交申请后，文献配送系统将会通知快递公司在 48 小时内将图书送达，每年约有 1900 万册/次图书以这种方式提供给读者。

（3）数据库检索与数字媒体。OhioLINK 所能提供的数据库数量是 100 多种，基本上覆盖了全学科的一些核心引文索引。这些数据库一部分存储在 OhioLINK 的计算机中心，另一部分则通过因特网直接链接到数据库的提供商。此外，OhioLINK 还提供全文数据库服务，含 28 万篇，其中包括在线词典等一些著名的百科全书等工具书的联机版。同时，OhioLINK 无偿提供俄亥俄州参与院校的硕士和博士论文在线电子文本。随着多媒体技术的应用，OhioLINK 储存和提供各成员馆拥有的各种各样的多媒体资料（录音、音像、艺术和建筑图像等），读者可检索应用。这其中有些收藏对全世界公开。

（4）电子杂志中心。OhioLINK 电子杂志中心目前已收集有 28 万篇杂志全文，并分成 1378 个专题向全州读者提供服务。用户可以根据自己的需要，利用系统的检索功能，从该中心获取自己所需资料。此外，用户可利用其提供的"网上 SDI 服务"功能。系统会根据用户需求，自动地定期运行一个查询软件，从电子杂志库中代用户进行专题检索，并将检索结果以电子邮件方式发给用户。

（三）日本 NACSIS

1. NACSIS 概况

NACSIS（National Center for Science Information Systems），即学术情报中心。它起步于 1983 年，隶属于文部省，是日本全国性综合信息共享系统，也是日本文献资源保障体系的中枢。由全国国立、公立、私立大学等共同参加，以人文、社科、自然科学等各领域的学术信息为对象，将各大学图书馆、信息中心等连接起来，为研究者提供所需学术信息。经过 20 多年的发展，NACSIS 已经覆盖了日本所有的大学，资源共享涵盖了学术信息网络、联机编目与联合书目数据库、馆际互借、数据库、信息检索、电子图书馆、国际交流与教育培训等领域。但 NACSIS 是由日本政府将各个图书馆的各种二次目录信息集中起来而建立起来的"书目共同体"，无独立的藏书体系。

2. NACSIS 提供服务❶

（1）联合书目数据库服务。联合书目数据库服务包括目录系统和馆际互借系统。目录系统（NACSIS – CAT）是全国大学图书馆书刊馆藏联合目录数据库系统，可以提供日文、西文图书联合目录，日文、西文期刊联合目录等四个数据库的服务。读者可通过该系统查询日本国内文献收藏情况。从 1997 年开始，NACSIS 通过互联网的万维网方式提供书目信息服务。馆际互借（NACSIS – ILL），则是充分利用目录系统中建立的联合目录数据库开展业务，迅速、准确地向研究者提供文献。它于 1992 年启动，并于 1994 年、1996 年和英国图书馆文献提供中心、日本国立国会图书馆实现了馆际互借功能。据 2011 年 3 月份的统计数据显示，2010 年 NACSISS – CAT/ILL 国内外成员馆共有 1248 家、注册登记的书目记录为 11034 万条❷。

（2）信息检索服务。信息检索服务系统（NACSIS – IR）积累了人文、社会科学、自然科学诸领域的 50 多种数据库、9000 万条以上的学术信息。NACSIS 的数据库包括自建的数据库、从数据库公司引进的数据库和机关、研究者等建成的各种专题数据库。提供网上检索服务，迅速、准确地为研究者提供学术研究信息。

（3）学术信息网络。为了促进日本全国的大学、研究机构学术信息的

❶　薛冬哥. 日本高等教育文献信息保障体系—日本文部省学术情报中心［J］. 大学图书馆学报，2000（6）：74 – 78.

❷　姚晓霞，朱强. 日本、韩国等国高等教育文献信息资源共享概况［J］. 中国教育网络，2014（2）：101 – 104.

交流，NACSIS 建设了学术信息网络（SINET），连接各个研究者终端的学术研究专用信息通信网，在全国设置了 29 个节点，连接 700 多所大学和研究机构，使各学校校园网相互连通。

（4）电子图书馆服务（NACSIS – ELS）。NACSIS – ELS 是将学术杂志的论文直接电子化，和书目信息同时检索的信息服务，具有二次文献数据库的检索功能和文献页的显示功能，杂志的封面和论文页均可直接显示，用户可将标题、作者作为检索点进行检索，可从杂志封面、目录查找文章，下载并打印。

（5）国际交流与研究开发。NACSIS 与英国收藏日本语资料的主要研究图书馆合作，双方可相互检索彼此的书目信息。与英国图书馆文献提供中心的馆际互借系统连通，可向英国图书馆直接申请文献复印和网上借阅。NACSIS 还向海外提供信息检索服务，现在，美国、英国、法国、德国、澳大利亚和韩国的大学、图书馆都能利用这一服务。

（6）研究开发。学术信息机构的目的是连接全国大学的图书馆和其他信息机构，共享所藏的信息资源，并为这些机构的研究者之间交换学术信息提供网络服务。因此其研究任务也包括信息处理、传递软件、硬件及应用方面的研究开发，开发研究都与系统建设相关，重视前瞻性和应用性。

（四）欧洲数字图书馆（Europeana Digital Library，EDL）

2005 年，为了制衡 Google 全球数字图书馆计划，时任法国总统希拉克提议创建欧洲数字图书馆，同年 4 月，欧洲 19 所国家图书馆正式签署了"欧洲数字图书馆声明"❶；同年 7 月，法国政府成立"欧洲数字图书馆"筹建协调委员会，研究法国历史文化财产的数字化计划，并通过欧洲委员会协调整个欧洲的数字图书馆的建设工作；10 月，欧洲委员会发表宣言将进行欧洲"历史和文化遗产"数字化战略，旨在数字化并保存欧洲遗产记

---

❶ 黄宗忠. 数字图书馆发展的新阶段——关于 Google、欧洲数字图书馆筹建的评价与对策 [J]. 图书情报知识，2005（107）：5 – 15.

录，包括图书、电影、片段、照片、手稿、讲演和音乐，使之便于欧洲人网上获取❶。

欧洲数字图书馆（Europeana）是欧盟大力推广的重要文化项目之一。2008 年 11 月在比利时首都布鲁塞尔正式开馆，目前拥有大约 300 万件数字藏品，包括书籍、音乐、电影、报纸、相片、博物馆藏品等，这些内容大多来自欧洲各国的一流博物馆、图书馆、档案馆和音像资料馆，其中包括法国卢浮宫、荷兰阿姆斯特丹皇家博物馆等。如卢浮宫对其收藏的油画等文化藏品进行了数字化处理，并将相关数字化资料贡献给 Europeana。法国国立广播电视档案馆也提供了其 20 世纪近 8 万份作品。网站目前可以提供英语、德语、法语等 20 多种语言的服务。网站内容没有版权，所有个人或者机构可以直接在 Europeana 网站上免费使用这些文化财富❷。

二、国内主要的图书馆资源共享体系

（一）数字图书馆推广工程

2011 年，文化部、财政部共同推出"数字图书馆推广工程"（Digital Library Promotion Project），这是继我国文化信息资源共享工程、公共电子阅览室建设计划后，启动的又一个重要的数字文化建设工程❸。

数字图书馆推广工程的建设目标是以国家数字图书馆为中心，以各级数字图书馆为节点，覆盖全国公共图书馆的数字图书馆虚拟网，支持全国各地区数字图书馆间互联互通、共建共享；建设分级分布式数字图书馆资源库群，建设分级分布式数字资源库群，实现数字资源建设、保存、服务的统一规划；建设多层次、多样化、专业化、个性化的数字图书馆服务平台，对数字资源进行有效的组织、整合、知识挖掘，实现元数据集中与统

---

❶　周军兰. Google 数字图书馆项目的多方博弈分析［J］. 大学图书馆学报，2006（5）：20－27.

❷　http：//finance. jrj. com. cn/2008/12/3010393202793. shtml［2014－03－01］.

❸　http：//www. ndlib. cn/［2014－02－20］.

一检索，依托互联网、移动通信网、广电网，建立满足不同需求的数字图书馆服务平台，通过新技术应用，提供基于移动通信网的移动数字图书馆服务、基于广播电视网的数字电视服务。数字图书馆推广工程海量资源库群的建设成果将广泛应用于全国文化信息资源共享工程、公共电子阅览室建设等国家重点文化建设项目中，为各项文化工程提供优质数字资源服务❶。

（二）国家科技图书文献中心（National Science and Technology Library，NSTL）

国家科技图书文献中心（NSTL）是经国务院批示于 2000 年 6 月 12 日组建的一个虚拟的科技文献信息服务机构，成员单位包括中国科学院文献情报中心、工程技术图书馆（中国科学技术信息研究所、机械工业信息研究院、冶金工业信息标准研究院、中国化工信息中心）、中国农业科学院图书馆、中国医学科学院图书馆。根据国家科技发展需要，中心按照"统一采购、规范加工、联合上网、资源共享"的原则，采集、收藏和开发理、工、农、医各学科领域的科技文献资源，面向全国开展科技文献信息服务。其主要任务是：统筹协调，较完整地收藏国内外科技文献信息资源制订数据加工标准、规范，建立科技文献数据库；利用现代网络技术，提供多层次服务，推进科技文献信息资源的共建共享；组织科技文献信息资源的深度开发和数字化应用，开展国内外合作与交流❷。目前，NSTL 提供了文献检索、期刊浏览、全文文献、引文检索、代查代借、参考咨询等服务项目。NSTL 包括西文、俄文、日文、中文期刊论文（会议文献、学位论文、科技报告）库 11 个；中外文专利文献库 15 个；中外文标准计量规程库 3 个，以文摘方式报道近万种外文期刊及其他类型文献，全球网络注册用户可免费搜索，并随时向系统提出全文传递请求。

---

❶ http：//www.nlc.gov.cn/［2014 - 02 - 20］.

❷ http：//www.nstl.gov.cn/［2014 - 02 - 20］.

（三）中国高等教育文献保障系统（China Academic Library & Information System，CALIS）

1. CALIS 概况

CALIS 是经国务院批准的高等教育"211 工程""九五""十五"总体规划中三个公共服务体系之一，1991 年 1 月由我国高校系统正式启动。CALIS 下设了文理、工程、农学、医学 4 个全国文献信息服务中心、7 个地区信息中心和一个东北地区国防信息中心。CALIS 的主要建设内容和任务是通过文献信息服务网和文献信息资源及数字化建设，初步实现系统的公共检索、馆际互借、文献传递、协调采购、联机合作编目等功能，推进我国高等教育资源的合理优化配置，实现信息资源共建、共知、共享的目标，深化资源的有效开发和利用，提高高等学校教育和科研的文献保障水平。CALIS 二期建设目标是发展到全国 1000 所高校，为全国高校系统服务。2014 年，CALIS 三期已经完成建设并面向高校图书馆开展普遍免费服务❶。

2. CALIS 的共享服务

（1）CALIS 联合目录数据库建设。始建于 1997 年，以联合目录数据库为基础，以高校图书馆为服务对象，开展联机合作编目、编目数据批量提供、编目咨询与系统培训等业务，大大提高了成员馆书目数据库建设的质量和效率。到 2008 年 6 月已经积累了 235 余万条书目记录，涵盖印刷型图书和连续出版物、电子期刊和古籍等多种文献类型。CALIS 联合目录以实时性强、数据质量高享誉业界。

（2）统一检索系统。"CALIS 统一检索"平台提供了基于异构系统的跨库检索服务，集成了 130 多个国内外异构资源数据库，用户可按学科、数据库、文种同时检索 20 个数据库平台上的多种资源，输入一个检索式，便可看到多个数据库的查询结果，并可进一步得到详细记录和下载全文。

---

❶ CALIS 介绍［EB/OL］．http：//project. calis. edu. cn/calisnew/ calis _ index . asp？fid =1&class = 1［2011 – 7 – 30］．

与此同时，读者也可选择单个数据库，针对某种具体资源进行个性化检索。此外，"CALIS统一检索"还实现了统一用户管理、馆际互借等应用系统的无缝集成，使用户方便地访问国内外数字资源。

（3）数字资源联合采购。数字资源联合采购，也就是集团采购。从1999年开始建设以来，CALIS采用了联合采购的模式，引进和共建了一系列国内外文献数据库，为各成员馆节约了大量的经费，提高了成员馆的文献水平。目前，CALIS已组织了40多个数据库集团，购买了200多个数据库，共有全文电子期刊2万余种，其中外文电子期刊1万余种，电子图书2万多种。全国已有500多个大学和科研机构、累计约3000多个馆次参加了集团采购。

（4）馆际互借与文献传递。为了更好地在高校开展馆际互借与文献传递，CALIS中心联合全国46所高校图书馆，建立了"馆际互借/文献传递服务系统"，这是CALIS公共服务软件系统的重要组成部分。目前，该系统已经实现了与OPAC系统、CCC西文期刊篇名目次数据库综合服务系统、CALIS统一检索系统、CALIS文科外刊检索系统、CALIS资源调度系统的集成，读者可直接通过网上提交馆际互借与文献传递申请，并且可以实时查询申请处理情况。

（四）大学数字图书馆国际合作计划（China Academic Digital Associative Library，CADAL）

大学数字图书馆国际合作计划前身为高等学校中英文图书数字化国际合作计划（China – America Digital Academic Library，CADAL）。原国家计委、教育部、财政部2002年9月联合下发《关于"十五"期间加强"211工程"项目建设的若干意见》的文件中，将"中英文图书数字化国际合作计划（CADAL）"列入"十五"期间"211工程"公共服务体系建设的重要组成部分。CADAL项目建设的目标是构建拥有多学科、多类型、多语种海量数字资源，由国内外图书馆、学术组织、学科专业人员广泛参与建设和服务，具有高技术水平的学术数字图书馆，成为国家创新体系信息基础设施之一。项目由国家投资建设，作为教育部"211"重点工程，由浙江大学联合国内外的高等院校、科研机构共同承担。

项目一期建设 100 万册（件）数字资源，国家投入 7000 万元，美方合作单位投入约 200 万美金，"十五"期间已经完成。一期建设由浙江大学和中国科学院研究生院牵头，北京大学、清华大学、复旦大学、南京大学等 16 个高校参与建设。建成 2 个数字图书馆技术中心（浙江大学，中国科学院研究生院）和 14 个数字资源中心，形成一套成熟的支持海量数字对象制作、管理与服务的技术平台，探索多媒体、虚拟现实等技术在数字图书馆中的应用。2009 年 8 月，CADAL 项目二期正式立项建设，计划完成 150 万册（件）数字资源，并建立分布式数据中心和服务体系，实现数据安全和全球服务，由国家投入 1.5 亿资金。CADAL 项目建设的数字图书馆，提供一站式的个性化知识服务，将包含理、工、农、医、人文、社科等多种学科的科学技术与文化艺术，包括书画、建筑工程、篆刻、戏剧、工艺品等在内的多种类型媒体资源进行数字化整合，通过因特网向参与建设的高等院校、学术机构提供教学科研支撑，并与世界人民共享中国学术资源，宣传中国的文明与历史。

（五）中国高校人文社会科学文献中心（China Academic Humanities and Social Sciences Library，CASHL）

2004 年 3 月，根据全国高校人文社会科学的发展和文献资源建设的需要，教育部设立了中国高校人文社会科学文献中心（CASHL）❶，其宗旨是集若干所具有学科优势、文献资源优势和服务条件优势的高等学校图书馆，有计划、有系统地引进和收藏国外人文社会科学文献资源，借助现代化的网络服务体系，为全国高校、哲学社会科学研究机构和工作者提供综

❶ CASHL 管理中心. 打造文献渊薮 繁荣社会科学——中国高校人文社会科学文献中心（CASHL）启动 [J]. 大学图书馆学报, 2004 (3): 91.

合性文献信息服务。CASHL 目前已收藏有近 2 万种国外人文社会科学领域的核心期刊和重要期刊，1956 种电子期刊以及 35 万种电子图书，112 万种外文图书，以及"高校人文社科外文期刊目次库"和"高校人文社科外文图书联合目录"等数据库，提供数据库检索和浏览、书刊馆际互借与原文传递、相关咨询服务等。

CASHL 资源和服务体系由两个全国中心、五个区域中心和十个学科中心构成，其职责是收藏资源、提供服务。CASHL 的全国中心设在北京大学和复旦大学，区域中心设在武汉大学、吉林大学、中山大学、南京大学、四川大学，学科中心设在北京师范大学、东北师范大学、华东师范大学、兰州大学、南开大学、山东大学、清华大学、厦门大学、浙江大学、中国人民大学。目前 CASHL 已拥有 700 家成员单位，包括高校图书馆和其他人文社会科学研究机构。个人用户逾 8 万多个，机构（团体）用户逾 3000 家❶。

（六）广东省信息资源共享工程

1995 年，由广东省科技厅牵头，联络全省大多数科研机构建立了广东科技信息网，随后又联合广东省立中山图书馆，整合了中山图书馆数字资源、金科网中文数据库资源和省科技图书馆电子图书，建立了广东省网上科技文献馆。2001 年广东省科技情报所组织联合省立多家单位，共同建立了广东省科技文献联合馆藏共享及提供系统。2002 年广州 6 所高校合作建成广东高校网络图书馆。2003 年广东省启动文化信息共享工程，建成拥有 90 万种电子图书、1500 万篇期刊论文、12 万篇硕博士学位论文、16 万篇学术会议论文、数十个事实型数据库的数字化资源库群，大力开展网上信息服务，平均每天提供电子图书在线阅读量达 810 万页，网上参考咨询免费解答读者咨询 600 多例，远程传递文献 2300 多册❷；2004 年被评为"全

---

❶ http：//www.cashl.edu.cn/［2014 - 02 - 20］.

❷ 胡俊荣.广东图书馆国际化发展战略研究［J］.广州：暨南大学出版社，2010.

国文化信息资源共享工程建设先进单位"。2009 年"珠江三角洲数字图书馆联盟联合目录平台"开通使用，这是我国公共、教育、科技系统图书馆共同建立的首个跨系统文献资源共享平台，实现了系统内联合馆藏目录、联合参考咨询与文献传递网无缝链接，可提供 416 万种中外文图书、9953万篇中外文期刊、668 万篇硕博士论文等丰富信息资源。此外"广东地方文献资源共建共享平台""中国图书馆联合参考咨询联盟"两个项目也在实施中。

（七）天津高校图书馆文献资源共享体系

这是国内最成功的区域性文献资源共享体系。天津市在"十五"期间投资了建设项目"数字化图书馆建设"，于 2001 年启动。天津市的高校图书馆全部以成员馆身份参加该项目。"十五"期间，天津市累计投入经费7000 余万元，各校自筹配套经费也达到数千万元。天津高校图书馆文献资源共享体系由天津高等教育文献信息中心进行管理，同时也是 CALIS 天津省中心。其共享体系在以下两个方面具有突出特色：

（1）联合自动化集成管理系统平台的建设。共享体系统一采用Unicorn系统软件平台，共享一个系统平台、一个服务器、一个中央数据库。多个图书馆在一个系统平台上共同使用一套具有国际先进水平的自动化系统，大大减少了软硬件方面的开支，减少了重复劳动，将成员馆的现代化管理水平拉近到同一层次，为共享体系构建了良好的基础平台。

（2）中文版本图书馆的建设与管理。为了补充天津市各高校图书馆馆藏书品种的不足，促进高校乃至更大范围的文献资源共享，2005 年开始建设版本图书馆，每年采集国内出版的专业图书 8 万种，成为天津市文献资源共享体系的重要基础设施。

（八）重庆大学城资源共享平台

重庆大学城资源共享网络平台于 2008 年 11 月正式启动，由重庆市教委信息与装备中心负责，惠普公司承建，建设经费3300万元，以身份认证数据库、知识数据库、基础设施资源数据库为基础，构建七大系统：教学资源共享系统、科研资源共享系统、生活设施共享系统、网上图书馆、就业信息共享系统、网上社区系统和大学城门户系统。网上图书馆作为重要的资源系统，在项目建设过程中，扩展到整个重庆市高校范围。2010年4月，重庆大学城资源共享平台——网上图书馆项目通过了重庆市政府组织的专家组项目验收并正式运行❶。重庆大学城网上图书馆以"馆际互借，资源共享"为核心，是基于馆员和读者的新一代图书管理平台。网上图书馆实现了馆际互借，通过大学城"一卡通"借书证，实现区域内网上预约、通借通还、送书到馆等服务；可以进行文献传递，通过传真、邮寄、E-mail等方式实现对纸质和数字资源的传递服务；开展了联合参考咨询。由各馆推荐组成区域性联合咨询馆员，面向区域内读者提供联合参考咨询服务。

三、图书馆资源共享的主要优缺点

通过对上述较为成功的文献资源共享模式的分析，也就是未来图书馆共享的发展之路，笔者分析了资源共享的优缺点。

（一）可供借鉴的经验

1. 统一部署，注重协作

国外资源共享计划性强，协调性好，重视整体的系统建设，注重建设质量和实际的效果。如美国图书馆信息共享组织完善、合作基础良好、共享成员间联合合作密切，且有专门的管理委员会负责管理。如OhioLINK由州政府拨款建立，采取理事会负责制，政府每年给予固定经费以支持联盟运营；统一了电脑硬件和软件平台，使得资源整合能达到最大功效。我

---

❶ 杨新涯，彭晓东. 重庆市大学城资源共享平台"网上图书馆"实践研究 [J]. 大学图书馆学报，2011（3）：61–65.

国 CALIS 系统由国家统一部署，下设文理、工程、农学、医学 4 个全国文献信息服务中心、7 个地区信息中心和一个东北地区国防信息中心。

2. 推广范围广、力度高

国外资源共享发展时间较长，实践经验丰富，推广范围广，力度高。如日本的 NACSIS，隶属于文部省，覆盖了日本所有的大学，是日本全国性综合信息共享系统，也是日本文献资源保障体系的中枢，NACSIS - CAT 书目记录已达亿条；美国图书馆联盟已达 200 多个，OCLC 已经发展成为今天世界上最大的图书馆网络，为全球 170 个国家和地区超过 72000 个图书馆提供服务，且 OCLC 的 50 个图书馆联盟中，跨系统的联盟多达 43 个❶。再如美国数字图书馆联盟（DLF）打破国家的界限，吸收了大英图书馆、牛津大学图书馆、亚历山大图书馆等的加盟，现已有 35 个成员和 5 个盟友，已经成为国际性的图书馆联盟。

3. 资源共享多样化

美国图书馆联盟各成员馆馆藏有重点、有特色，联盟众多，发展迅速且程度较高，甚至有国际范围资源共享的超级联盟，这些联盟以集团购买电子资源为基础，将互联网作为手段，提供多种多样的服务，除了馆际互借、文献传递、联合采购、远程教育等日常服务，还出现了工作经验、业务培训、系统支持等人力资源、管理资源方面的共享。如 NEOS 联盟为馆员安排每年一天的讨论会，分享技术上或工作经验方面的经历❷。资源共享理念渗入到联盟管理、运营、服务的方方面面。

4. 注重科学研究开发

国外资源共享非常重视研究项目的开展，在纸本文献数字化、资源利用最大化等方面进行了大量的研究。例如：OCLC 在肩负着建设网络和维

---

❶ 白冰，高波. 国外图书馆资源共享现状、特点及启示［J］. 中国图书馆学报，2013（3）：108－120.

❷ 白冰，高波. 国外图书馆资源共享现状、特点及启示［J］. 中国图书馆学报，2013（3）：108－120.

护网络任务的同时，也投入大量的资金支持新技术的利用和创新，每年用在产品与服务改进、新技术研发等的费用在千万美元以上❶；日本 NACSIS 的学术信息网络专门为各个研究者终端提供学术研究专用的信息通信网，以促进大学、研究机构的学术信息交流；美国数字图书馆联盟（DLF）必须满足"具有重大的研究和开发能力"这一条件才能成为其盟友。

（二）图书馆资源共享的不足之处

1. 缺乏统一部署，模块化、重复性建设现象严重

由于我国图书馆在行政上归属于不同的行政管理部门，长期以来，导致图书馆事业缺乏条块分割，缺乏协作意识，整体宏观调控力度不足。如根据 CALIS 项目进展，广州省教育厅与中山大学共同建立了"CALIS 华南地区中心"，在随后的十多年中，广东教育厅与华南师范大学共同建立了"广东网络图书馆"、广东省中心图书馆委员会组织建立了"广东省文献资源共建共享协作网"、广东省六所高校图书馆组织成立了"广州地区高校图书馆联盟"，这些项目建设的目的一致，但分属不同的管理部门，有重复建设的情况。

2. 主动性不足，重点关注文献，少有关注读者

我国图书馆资源共享项目，如联合书目、联合采购、版本图书馆都是重点立足于文献资源建设的体现，但是如何让读者能够方便地使用这些文献资源的建设项目偏少。笔者在 2014 年 4 月 15 日的随机访问中，发现中国高等教育数字图书馆（CADLIS）e 得文献获取与 e 读学术搜索引擎两种服务在馆际互借功能上有重复，经笔者多次验证，e 得文献获取检索不到所需文献。同样，访问中国高等学校数字图书馆联盟（CADLA）（http：//www. cadla. edu. cn/），其首页最新更新的日期是 2002 年 6 月 24 日，研究项目及论坛还在建设中。

---

❶ 张兆伦. 中外著名图书馆联盟合作项目的比较分析［J］. 情报科学，2012（3）：55－56.

3. 时间和空间范围有限

中国高等文献保障系统（CALIS）发展较为成熟，但推广的范围不够大。按照教育部颁布的数据，截至 2012 年，全国共有普通高等学校 2442 所（其中本科院校 1145 所）❶，这个数据远远超过 CALIS 的成员馆数量，且经常性利用 CASHL 各项服务的图书馆并不多。再如天津市高校图书馆共享模式有些理想化，空间上有局限，如在校大学生读者毕业后，出了天津市的范围，就不能使用这个文献共享体系，而时间范围仅限于在大学期间。

4. 共享体系的可持续性发展与维持

国外资源共享项目建设除了政府拨款，还有基金会、联盟会费、年费、经营性收入等，如 2010 年、2011 年 OCLC 元数据服务收费与文献传递收费分别占联盟总收入的 69%、57.6%，是 OCLC 经费的主要来源❷。而我国资源共享项目主要依靠财政拨款，没有建立一个可持续发展的资金保证体系，一旦政府不再拨款，资源共享项目则难以为继。如 CALIS 和 CADAL 这两个文献资源共享体系，均依靠国家财政的项目拨款，一旦项目建设完成之后，今后又没有申请到后续项目，则会受到很大的影响。

5. 相应的法律法规及制度不完善

图书馆资源共享的健康发展需要法律法规的保障。随着数字图书馆的发展，纸质文献的利用率在逐渐降低，读者真正需要的数字文献却由于版权保护的原因，不能通过网络直接获得，大多仍然采用传统的复制、扫描的方式获得，也就产生了相应的知识产权纠纷和信息安全问题。

因此，图书馆行业急需一种新的共享形态和共享理念，来弥补上述不足，在新的社会环境、信息技术环境下提升图书馆的管理和服务水平。笔者提出，应当构建以服务为核心的共享模式，来实现这个目标。

---

❶ 2012 年全国教育事业发展统计公报 [EB/OL]. http：//www. moe. gov. cn/publicfiles /business/ htmlfiles/moe/moe_ 633/201308/155798. html [2013 - 10 - 21].

❷ 白冰，高波. 国外图书馆资源共享现状、特点及启示 [J]. 中国图书馆学报，2013（3）：108 - 120.

第二章　一个服务的时代

　　这是一个服务的时代，对于图书馆而言尤其如此。图书馆的本质是利用各种文献资源而开展的公共服务，需要满足读者的服务需求。服务是图书馆的永恒主题，"读者第一，服务至上""读者永远是正确的"❶ "读者是上帝"等诸多口号的响亮呐喊，让图书馆逐渐结束了"以藏为主"的旧时代。在整个图书馆业务流程中，文献资源是基础，而服务是必要的手段。以大学图书馆为例，作为支撑学校教学、科研服务的学术型机构，师生是图书馆服务的主体，图书馆通过及时全面地了解师生对文献资源的需求，不断提高自身的服务质量，提高读者满意率，实现学术型图书馆的根本价值。

　　随着科学技术的发展，服务也在随着读者的最新需求而发生变化，如何充分尊重读者，体现人文关怀，注重读者参与，构建以用户需求为核心的服务模式是目前图书馆服务最基本的价值观。伴随着移动图书馆、手机图书馆、微信图书馆的闪亮登场，图书馆的服务工作不仅包括利用各种各样的技术手段，也包括一些创新的服务理念和服务思想，如在信息技术行业广泛应用的 SOA 和云计算，在图书馆较为成功的服务型理念——图书馆2.0。如何穿越时空界限，让图书馆无处不在？共享服务，是我们接下来要探讨的重要课题。

---

　　❶ 程焕文，王蕾. 竹帛斋图书馆学论剑：用户永远都是正确的 [M]. 广州：广东人民出版社，2008.

第一节 SOA 概论

SOA（Service – Oriented Architecture），面向服务的体系架构，是目前大型信息系统普遍采用的方法论，由一系列技术和标准组合而成，其本质是根据用户需求，按照服务体系的流程和架构，采用松散耦合的应用组件进行分布式部署、组合和使用的信息系统建设理念❶。

一、什么是 SOA

计算机应用系统的软硬件体系架构，20 世纪 60 年代主要采用运行于大型计算机的专用系统，20 世纪 80 年代，随着个人计算机的普及，开始采用客户端/服务器架构，而进入 21 世纪以来，互联网成为信息技术的主流，不仅深入到千家万户，应用系统本身也朝小型化和分布式发展。特别是 Web Service 技术的出现和大量应用，SOA 逐渐成为 Web 服务的基础框架，目前已经成为计算机信息领域的主流应用和发展理念。

面向服务的体系结构（SOA）是 1996 年 Gartner 公司在做企业流程管理系统时第一次提出来的。当时的主要目标是让每个信息系统都有自己的灵活的发展空间，具有一定的自主性，但是同时又能够随需共享。但是当时信息技术的发展没有实施相关技术平台的条件，因此没有引起人们的广泛关注，也没有形成相关技术和成熟案例。直到互联网普及后，XML 语言的出现及发展，以及 Web Service 等技术的发展，当越来越多的异构系统出现在大家面前，SOA 才逐渐得到重视，从概念逐渐转向于应用❷。随着全球信息化的浪潮，信息化产业不断发展、延伸，SOA 系统架构的出现将给信息化带来一场新的革命。

在信息化发展的过程中，尽管出现过 XML、Unicode、UML 等众多跨

---

❶ 凌晓东. SOA 综述 [J]. 计算机应用与软件, 2007 (10)：122 – 124, 199.

❷ SOA, 引领软件发展新方向 [EB/OL]. http：//www. e – works. net. cn/tbbd/soa/x1. htm.

平台的信息标准，但是异构系统之间的数据仍然使用独立的格式、元数据以及存储模型，如果要进行不同系统之间的集成，就需要构建数据仓储和交互程序来实现。随着企业信息化的深入，人力、财力、物力、行政、业务等系统越来越庞杂，客观上也造成信息孤岛的大量存在，使信息化建设的投资回报率大大降低。尽管结构化的数据管理可以实现集成，但是在互联网时代，一个企业构建一套软件体系的可能性越来越小，也不够灵活，而在非结构化数据内容方面，实现集成和整合几乎是不可能的，因为系统架构通常是纵向的、以组织机构为界限的，并且采用不同厂商的产品来提供这些解决方案，即便是同一个厂商的产品，相互之间的功能也经常重叠，平台也经常不一致。这对于日益发展的互联网和移动互联网应用而言，是一个巨大的挑战。SOA 架构则忽视数据结构本身，将关注点放在用户的流程方面，通过标准的 XML 语言和 Web Service 技术，集成用户端的数据展现和业务，使得系统之间的功能界限在用户层面趋于模糊，很好地解决了集成系统的核心问题。

因此，SOA 通常被理解为一种粗粒度、松耦合的系统服务架构，服务之间通过简单、精确定义接口进行通信，不涉及底层编程接口和通信模型。SOA 可以看作是 B/S 模型、XML/Web Service 技术之后的自然延伸❶，不管是结构化数据库，还是非结构化数据库，都可以帮助软件工程师们采用标准的系统架构、系统组件、数据库中间件，完成系统架构中的各种业务模块的开发、部署，能够更加从容地面对业务的急剧变化。

二、SOA 的基本特征

SOA 使业务管理系统变得更加灵活和便利，以适应发展变化快的业务流程，但不仅仅是这样，它还具备很多基本特征以满足信息系统建设的要求。

---

❶ 孙瑾. 面向服务的（SOA）数字图书馆 [J]. 图书馆杂志, 2007 (5): 52 – 55.

1. 灵活性

SOA 依靠一些新的信息技术，如可扩展标记语言（Extensible Markup Language，XML）为基础进行系统接口的描述和开发，使得各项服务能够更加动态和灵活地接入到各个服务系统中去，在合适的时间、合适的地点向需要它提供服务的任何用户提供服务。在具体的功能实现上，SOA 协同软件所实现的功能包括了知识管理、流程管理、人事管理、客户管理、项目管理、应用集成等，从部门角度看涉及行政、后勤、营销、物流、生产等。从应用思想上看，SOA 协同软件中的信息管理功能，全面兼顾了贯穿整个企业组织的信息化软硬件投入。

2. 可靠性

当组成整个应用程序的每个服务的内部结构和实现逐渐地发生改变时，整个服务体系依然能够继续存在，这就是 SOA 的松耦合特征。因为紧耦合意味着应用程序的不同组件之间的接口与其功能和结构是紧密相连的，因而当需要对部分或整个应用程序进行某种形式的更改时，整个系统就显得非常脆弱。松耦合系统的需要来源于业务应用程序，这些需求可以根据业务调整而变化，因此变得更加灵活。比如经常改变的政策、业务级别、业务重点、合作伙伴关系、行业地位以及其他与业务有关的因素，这些因素甚至会影响业务的性质，系统都能够实现适应环境变化的业务调整，而且处于一个信任和可靠的交互环境之中，按照标准的条款来执行服务流程。

3. 效率高

Web 服务并不是实现 SOA 的唯一方式，但是为了建立体系结构模型，用户需要的并不只是服务描述，还需要定义整个应用程序如何在服务之间执行其工作流程，找到业务的操作和业务中所使用的软件的操作之间的转换点。因此，SOA 应该能够将业务的商业流程与它们的技术流程联系起来，并且映射这两者之间的关系。此外，动态业务的工作流程不仅可以包括部门之间的操作，甚至还可以包括与不为企业控制的外部合作伙伴进行

的操作。因此，当定义了应该如何获得服务之间的关系策略，以及这种策略采用的服务级协定和操作策略的形式，系统的效率就大大提高。

4. 保护投资

一方面，可以复用以往的信息化软件，基于 SOA 的协同软件提供了应用集成功能，能够将原来的 ERP、CRM、HR 等异构系统的数据集成。另一方面，SOA 可通过互联网服务器发布，从而突破企业内网的限制，实现与供应链上下游伙伴业务的紧密结合，企业可以与其业务伙伴直接建立新渠道，建立新伙伴的成本得以降低。

5. 更简便的信息和数据集成

SOA 的信息集成功能可以将散落在互联网和局域网上的文档、目录、网页轻松集成，加强了信息的协同相关性。同时复杂、成本高昂的数据集成，也变成了可以简单实现的参数设定。SOA 具有可按模块分阶段实施的优势，可以成功一步再做下一步，将实施和部署对企业的冲击减少到最小。

三、SOA 架构的核心技术❶

1. 数据编码标准 XML（Extensible Markup Language）

XML 标记语言是 W3C 制定的、用于 Internet 数据交换的语言，基于该编码标准的数据或文档能在所有的操作系统平台、应用系统中进行分析与处理。

2. 数据通信协议 SOAP（Simple Object Access Protocol）

简单对象访问协议（SOAP）是一种轻量的、简单的、基于 XML 的协议，它被设计成在网络上交换结构化的和固化的信息，可以和现存的许多因特网协议如 HTTP、SMTP、MIME 等结合使用，支持从消息系统到远程过程调用等大量的应用。SOAP 协议可穿越任何防火墙，此外由于 SOAP 协

---

❶ 费圣英. 电力企业信息化 SOA 实践［M］. 南京：南京大学出版社，2007.

议采用 XML 编码，故易于分析和处理。SOAP 还具有很好的伸缩性，能同时为很多用户服务。

3. Web 服务描述语言 WSDL（Web Services Description Language）

WSDL 是用于描述 Web 服务的一种 XML 语言。Web 服务通过描述 SOAP 消息接口的 WSDL 文档来提供可重用的应用程序功能，并使用标准的传输协议来进行传递消息。WSDL 是基于 XML 的，它的描述包含请求消息格式、响应消息格式和向何处发送消息等，以便服务请求者能够使用特定服务。

4. 统一描述、发现和集成 UDDI 规范

UDDI（Universal Description，Discovery and Integration）规范提供了一组公用的 SOAP API，使得服务代理得以实现。UDDI 为服务发布和发现所需服务定义了一个基于 SOAP 消息的标准接口。为了发布和发现其他 SOA 服务，UDDI 定义了标准的 SOAP 消息来实现服务注册。

5. 企业服务总线 ESB（Enterprise Service Bus）

ESB 是 SOA 架构的支柱技术，提供一种开放、基于标准的消息机制，完成服务与其他服务、服务与其他组件间的互操作。其主要功能有通信和消息处理、服务交互和安全性控制、服务质量和服务级别管理、建模、管理和自治、基础架构智能等。

目前，支持 SOA 架构的支撑软件体系主要有两大类，一类是 IBM 公司为首的基于 J2EE 架构技术，相应软件产品有 IBM 的应用服务器中间件 Websphere、BEA 公司（后被甲骨文公司收购）的 Weblogic 以及开源软件 JBOSS 等。另一类是以微软公司为主的基于 Net 架构技术，相应软件产品为 BizTalk 和 SharePoint 等。

四、SOA 结构的应用案例

图 2－1 以重庆大学数字化校园系统为例，说明 SOA 架构的具体应用。重庆大学是一所以理工科见长的"985 工程"重点建设大学，一直都

重视信息化建设，自 20 世纪 90 年代初以来陆陆续续建设了 30 多个应用系统服务于师生员工，既有基于 C/S 架构的，又有基于 B/S 架构的，以及基于 C/S 和 B/S 混合架构的，甚至还有基于文件共享型架构。全部推倒，重新构建一个整体的数字化校园系统不符合实际情况，因此重庆大学数字化校园的建设也采用了 SOA 架构思想，将总体架构分为 5 个层次：基础设施层、资源数据层、服务支撑层、信息服务层和信息展示层。其体系架构见图 2 - 1。

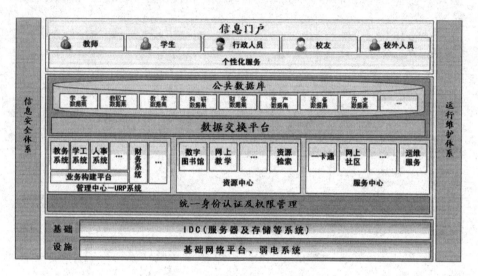

图 2 - 1 重庆大学数字化校园 SOA 软件体系架构

1. 基础设施层

为数字化校园提供各种硬件基础设施，包括网络基础设施、服务器与存储基础设施和高性能计算基础设施。网络基础设施主要包括校园局域网络以及与 CERNET、电信和网通等的接入网络；服务器与存储基础设施主要指用于数字化校园的各种服务器和存储设施，包括数据库服务器、应用服务器、Web 服务器、SAN 存储系统、确保数据永久存储的磁带或光盘系统等；高性能计算基础基于校园网格来实现。在基础设施层中，采用防火墙、入侵检测、接入控制等网络安全措施来保证网络基础设施的安全；采用集群、设备冗余等存储安全措施来确保计算资源、存储资源的高可靠性和高可用性。

2. 资源数据层

资源数据层是数字化校园应用的数据基础核心。数字化校园中的数据包括四大类数据：

（1）各应用系统中的数据以及由这些系统中的数据加工而成的综合、主题、统计与决策支持数据，这类数据是结构化的数据型数据。

（2）教学、科研、办公等需要或产生的文件、文档、图形图像、音视频等数据，这类数据是半结构化或无结构的资源型数据。

（3）安全信息，包括用户身份信息、系统及用户权限信息、数字证书信息等部分。

（4）校园网络资源信息。用于校园高性能计算的各类信息资源。数据资源层采用数据备份、数据分类管理、数据加密存储、权限管理等措施来保证数据安全。

3. 服务支撑层

服务支撑层是数字化校园中的服务、应用系统的支撑核心，为各种服务、应用系统提供支撑的中间层。该层采用基于分布式组件技术架构实现。服务支撑层主要包含业务应用支撑服务集（为人事、科研、教务、财务、设备、资产等业务应用系统提供支撑）、内容管理与搜索引擎支撑平台（为教学、科研、图书、档案等各类资源管理与服务系统、数字化教学平台、数字化科研平台、数字化生活与娱乐平台以及校园门户系统提供资源管理、查询、知识搜索等服务）、OA 支撑平台（为校内办公自动化提供服务）、数字图书馆支撑平台（为图书馆系统提供服务）、一卡通支撑服务平台（为一卡通系统提供所需要的支撑服务）、安全服务支撑平台（为各业务应用系统、业务流程、资源、单点登录支撑等提供身份认证、权限管理服务）、决策支撑平台（为校务决策支持系统提供服务）、网格支撑平台（为各类网格应用提供支撑服务）等几大支撑服务平台。

4. 业务服务层

业务服务层为不同用户、不同部门提供完整的各种业务功能模块。业务服务层提供的业务分为各类校务应用系统、OA 系统、数字图书馆系统、一卡通服务系统、数字化教学服务系统、数字化科研服务系统、数字化生活与娱乐服务系统、校务决策支持系统、身份认证服务系统、资源管理服务系统、网格应用系统等。

5. 服务接入层

服务接入层为数字化校园的各类用户进入数字化校园系统提供统一的访问门户，各种业务功能模块与信息数据在统一门户上展现，且可以通过单点登录直接进入数字化校园的各独立应用系统。统一门户分为网络门户、移动门户、网格门户三大类。网络门户为用户通过互联网进入数字化校园系统提供访问窗口，移动门户为用户通过移动通信设备进入数字化校园系统提供访问窗口，网格门户为用户访问校园网格提供访问窗口。

采用 SOA 架构的数字化校园系统，通过大约三年的建设，于 2013 年正式投入使用，使用情况良好，实现了以服务为主导的建设目标。通过上述应用案例可以看到，SOA 的确在基于互联网的、跨平台的业务整合中都具备理念和技术上的优势。

五、SOA 在图书馆中的应用

伴随着互联网应用的快速发展、SOA 技术和方案的不断成熟，SOA 在我国各行业得到广泛应用，在解决不同行业和领域的 IT 资源重用、信息共享和业务协同等共性问题方面取得了实质性的成果❶。在图书馆领域，其文献资源和服务的异构性决定了 SOA 的重要性，构建基于 SOA 的图书馆系统成为图书馆整合资源、规范服务的有效解决方案。SOA 的应用研究成为当下研究者们研究的热门话题，涉及 SOA 的技术应用、系统应用、实践

---

❶ 全国信息技术标准化技术委员会 SOA 标准工作组. 中国 SOA 最佳应用及云计算融合实践 [M]. 北京：电子工业出版社，2012.

应用等方面。

1. SOA 的技术应用

Web Service 技术是目前最适合实现 SOA 的技术集合，它采用 XML 作为基本的标记语言，SOAP 作为互操作协议，WSDL 作为服务描述语言，通过 UDDI 把服务注册到互联网以便搜索，为更多的用户使用其服务。它是由企业驱动和应用驱动而产生的，它具有分布性、松散耦合、可复用性、开放性以及可交互性等特性。Web Service 技术经过多年的发展，已经被广泛接受并成为 SOA 最好的实现技术❶。尽管 Web Service 技术是实现 SOA 的最好方式，但是 SOA 并不局限于 Web Service 技术，其他使用 WSDL 直接实现 Web 服务接口并通过 XML 消息进行通信的协议也可以包括在 SOA 之中。比如 CORBA 和 IBM 的 MQ 系统通过 WSDL 的新特性也可以参与到 SOA 中来❷。

2. SOA 的系统应用

将图书馆业务集成系统中的采访系统、编目系统、典藏系统、流通系统、查询系统，及应用系统中的检索系统、管理系统等以组件的方式封装成标准的服务，形成独立的服务组件，通过将各服务组件组合构建面向服务的架构。由于 SOA 架构是一种粗粒度、松耦合服务架构，服务之间通过简单、精确定义接口进行通讯，不涉及底层编程接口和通信模型。因此 SOA 架构能使所有的资源和集合展现更灵活的工作流程，更便于与其他系统进行互操作，也更便于有效地进行图书馆系统管理，更好地控制系统内部的服务与服务之间的关系与优先等级❸。

3. SOA 的实践应用

现有的图书馆业务管理和服务系统中已经开始使用 SOA 的相关技术，

---

❶ 陈菡. SOA 技术在高校图书管理系统中的应用［D］. 长春：吉林大学，2011.

❷ 涂振宁. SOA 技术及其在数字图书馆中的应用［J］. 高等工程教育研究，2006（A1）：141－143.

❸ 姜爱蓉. 图书馆系统的过去、现在与未来［J］. 数字图书馆论坛，2015（8）：2－7.

如 OCLC 的 WorldShare Management Services（简称 WMS）、Serials Solutions 公司的 Intota、Ex Libris 公司的 Alma、Innovative Interface 公司的 Sierra、开源计划 Kuali OLE 等系统普遍采用的是 SOA 架构❶。图书馆系统正在向下一代图书馆系统发展，SOA 架构是下一代图书馆系统必须具备的关键要素，国际范围内逾千家图书馆已经或正在向下一代图书馆系统迁移。

随着云计算、物联网、移动互联网等新型技术的发展，SOA 的应用模式不断扩展，SOA 中的"服务"呈现出泛在化和广泛互联的特征。SOA 与多种新应用模式和新技术融合发展成为图书馆系统发展的新方向。但是整体而言，SOA 架构在图书馆建设和发展中还没有得到普遍的应用，但是已经开始得到足够的重视，它将在以下三个方面体现其发展意义。

（1）以资源为核心，以服务为主导的系统建设理念的全面革新

图书馆以往信息管理系统的开发一般都是面向借还书的采编典借全过程，面向馆员和读者这两个对象，面向互联网和移动互联网构建门户系统，这些开发和运行模式往往都是以固定的业务流程为主导。随着现代图书馆的服务范围越来越广，资源越来越复杂，这种系统建设的思路往往造成大量的信息孤岛，难以应对系统的复杂性，难以解决系统的互操作性，难以适应业务需求的变化。SOA 则是面向服务的系统架构，提供的技术框架有利于降低系统的复杂性，增强各个服务系统之间的互操作性，通过图书馆服务需求和规范的设计，以资源为核心，以服务为主导的系统建设理念就很容易实现，这必将是图书馆信息化建设的全面革新。

（2）图书馆服务的构建变得更有灵活性

进入 21 世纪以后，信息技术的发展已经让人目不暇接，移动互联网、关联数据、慕课、云计算、大数据、虚拟现实、物联网……新技术使图书馆的服务发生巨大变化，一些图书馆开始倡导数据服务、空间服务、信息共享空间服务等，而且这样的服务变革和优化还会快速。而图书馆原来的

---

❶ 殷红，刘炜. 新一代图书馆服务系统——功能评价与愿景展望 ［J］. 中国图书馆学报，2013（5）：26–33.

信息系统架构，难以满足这些新业务的开展，图书馆服务要能够迅速调整以适应读者的需求，只有 SOA 的灵活结构才具备这种随需而变的能力。

（3）为图书馆服务的共享提供了理念依据和技术支撑

SOA 的关注服务、关注用户体验的理念，很值得图书馆各类共享体系学习。在原来的各类图书馆共享体系中，往往都基于资源的共享，构建联合目录、文献传递、通借通还等具体的应用，但是随着数字化资源的日益普及和数量激增，知识产权的管理日益严格，以联合目录为基础的资源共享系统越来越受到冲击。SOA 的理念改变从以往的资源为中心，转向为读者提供文献服务为中心的共享模式，各个图书馆可以利用 SOA 相关技术，很方便地拓展图书馆服务共享的功能，方便其开展各种个性化的信息利用服务，具有服务的开放性，还能通过提供功能接口让用户更加方便快捷地获取各个图书馆的文献资源，开展一些增值服务，这些都将极大地提高图书馆共享资源的利用效果，扩大图书馆的社会影响力。

第二节　云计算

云计算（Cloud Computing）是继 20 世纪 80 年代大型计算机到"客户端—服务器"的大转变之后的又一巨变。云计算的出现并非偶然，早在 20 世纪 60 年代 John McCarthy 提出把计算能力作为一种像水和电一样的公用事业提供给用户的理念，这成为云计算思想的起源[1]。在 20 世纪 80 年代网格计算、20 世纪 90 年代公用计算，21 世纪初虚拟化技术、SOA、SaaS 应用的支撑下，云计算作为一种新兴的计算资源使用和交付模式，带来生活、工作方式和商业模式的根本性改变，是当前全社会关注的热点。

一、云计算的概念与主要服务类型

一般认为，云计算是一种通过互联网以服务的方式提供动态可伸缩的

---

[1] 雷万云，等. 云计算 [M]. 北京：清华大学出版社，2011.

虚拟化资源的计算模式（Cloud computing is a style of computing in which dynamically scalable and often virtualized resources are provided as a service over the Internet）❶。在具体应用中，云计算通常采用按使用量付费的模式，这种模式提供可用的、便捷的、按需的网络访问，用户进入可配置的计算资源共享池（包括网络、服务器、存储、应用软件、服务），这些资源能够被快速提供，只需投入很少的管理工作，或与服务供应商进行很少的交互。"云计算"已经大量运用到生产环境中，国内有"阿里云"、各种各样的网盘等，国外 Intel 和 IBM 提供的商业服务范围正日渐扩大，影响力也不可估量。因此，云计算是分布式计算（Distributed Computing）、并行计算（Parallel Computing）、效用计算（Utility Computing）、网络存储（Network Storage Technologies）、虚拟化（Virtualization）、负载均衡（Load Balance）等计算机技术和网络技术发展融合的产物。

（一）云计算的兴起

目前很多大型企业都在研究云计算技术和基于云计算的服务，亚马逊、谷歌、微软、戴尔、IBM、SUN 等 IT 巨头都在其中，云计算已从新兴技术发展成为当今的热点技术、成熟技术。从 2003 年 Google 公开发布的核心文件到 2006 年 Amazon EC2（亚马逊弹性计算云）的商业化应用，再到美国电信巨头 AT&T（美国电话电报公司）推出的 Synaptic Hosting（动态托管）服务，云计算从节约成本的工具到盈利的推动器，从 ISP（网络服务提供商）到电信企业，已然成功地从内置的 IT 系统演变成公共的服务。

从加德纳 Gartner 公司 2011 年的技术成熟度报告我们可以看到云计算已经绕过了应用上的瓶颈，开始真正"落地"。云计算如一阵飓风席卷整个 IT 界，随之而来的优势是非常明显的。2012 年更是云计算快速发展的

---

❶ Wiki 百科云计算 https：// zh. wikipedia. org/wiki/.

一年，各种云技术、云方案陆续出台，无论是早期亚马逊的 Cloud Drive，还是 2011 年苹果公司推出的 iCloud，抑或是 2012 年 4 月微软推出的 System Center 系统等，都把目标盯紧了云计算这块大"肥肉"。

云计算的发展主要大事记●：

2006 年 3 月，亚马逊（Amazon）推出弹性计算云（Elastic Compute Cloud，EC2）服务。

2006 年 8 月 9 日，Google 首席执行官埃里克·施密特（Eric Schmidt）在搜索引擎大会（SES San Jose 2006）首次提出"云计算"（Cloud Computing）的概念。

2007 年 10 月，Google 与 IBM 开始在美国大学校园（包括卡内基梅隆大学、麻省理工学院、斯坦福大学、加州大学伯克利分校及马里兰大学等）推广云计算的计划，这项计划希望能降低分布式计算技术在学术研究方面的成本，并为这些大学提供相关的软硬件设备及技术支持（包括数百台个人电脑及 BladeCenter 与 System x 服务器，这些计算平台将提供 1600 个处理器，支持包括 Linux、Xen、Hadoop 等开放源代码平台）。而学生则可以通过网络开发各项以大规模计算为基础的研究计划。

2008 年 1 月 30 日，Google 宣布在中国台湾启动"云计算学术计划"，将与台湾台大、台湾交大等学校合作，将这种先进的大规模、快速将云计算技术推广到校园。

2008 年 2 月 1 日，IBM（NYSE：IBM）宣布将在中国无锡太湖新城科教产业园为中国的软件公司建立全球第一个云计算中心（Cloud Computing Center）。

2008 年 7 月 29 日，雅虎、惠普和英特尔宣布一项涵盖美国、德国和新加坡的联合研究计划，推出云计算研究测试床，推进云计算。该计划要与合作伙伴创建 6 个数据中心作为研究试验平台，每个数据中心配置 1400

● 李烨. 云计算的发展研究［D］. 北京：北京邮电大学，2011.

个至 4000 个处理器。这些合作伙伴包括新加坡资讯通信发展管理局、德国卡尔斯鲁厄大学 Steinbuch 计算中心、美国伊利诺伊大学香槟分校、英特尔研究院、惠普实验室和雅虎。

2008 年 8 月 3 日，美国专利商标局网站信息显示，戴尔正在申请"云计算"商标，此举旨在加强对这一未来可能重塑技术架构的术语的控制权。

2010 年 3 月 5 日，Novell 与云安全联盟（CSA）共同宣布一项供应商中立计划，名为"可信任云计算计划（Trusted Cloud Initiative）"。

2010 年 7 月，美国国家航空航天局和 Rackspace、AMD、英特尔、戴尔等支持厂商共同宣布"OpenStack"开放源代码计划，微软在 2010 年 10 月表示支持 OpenStack 与 Windows Server 2008 R2 的集成；而 Ubuntu 已把 OpenStack 加至 11.04 版本中。

2011 年 2 月，思科系统正式加入 OpenStack，重点研制 OpenStack 的网络服务。

这几年，中国的云计算也风起云涌，各大运营商、设备厂商、互联网公司以及一些创新型公司纷纷发力，如万网、美橙互联等提供服务器托管，华为、浪潮、中兴等依托雄厚的资源优势大搞云计算基础平台，中国移动、中国联通和中国电信运营商希望通过加大云计算的研发投入找到新的业务模式，腾讯、百度、360、阿里巴巴等互联网公司通过广泛的客户基础提供各种各样的云服务❶。与此同时，政府也高度重视云计算产业的发展，从 2011 年起工信部在北京、上海、深圳、杭州和无锡五个云计算的试点城市实施云计算示范工程。支持信息技术服务的骨干企业，加强数据存储技术、虚拟化技术、海量数据处理技术、大规模数据中心管理技术等云计算关键技术和重点产品的研发和应用，其他一些城市纷纷制订各自的云计算发展战略，建设了一些大型的公共云计算的平台，在梳理现有各类信息技术标准的基础上制定新的标准，有力地推动了我国云计算的发展。

---

❶ http：//it. 21cn. com/itnews/a/2015/0127/15/28960677. shtml.

（二）云计算的服务形式

云计算主要包括以下三个层次的服务：基础设施即服务（IaaS）、平台即服务（PaaS）和软件即服务（SaaS）❶。

1. IaaS

IaaS（Infrastructure – as – a – Service）：基础设施即服务。消费者通过 Internet 可以从完善的计算机基础设施获得服务。IaaS 通过网络向用户提供计算机（物理机和虚拟机）、存储空间、网络连接、负载均衡和防火墙等基本计算资源，用户在此基础上部署和运行各种软件程序。

2. PaaS

PaaS（Platform – as – a – Service）：平台即服务。是指将软件研发的平台作为一种服务，以 SaaS 的模式提交给用户，也是 SaaS 模式的一种应用，但 PaaS 的出现可以加快 SaaS 的发展，尤其是加快 SaaS 应用的开发速度。平台通常包括操作系统、编程语言的运行环境、数据库和 Web 服务器，用户在此平台上部署和运行自己的应用。用户不能管理和控制底层的基础设施，只能控制自己部署的应用。

3. SaaS

SaaS（Software – as – a – Service）：软件即服务，是一种通过互联网提供软件的模式，用户无须购买软件，而是向提供商租用基于 Web 的软件来管理企业经营活动。云提供商在云端安装和运行应用软件，云用户通过云客户端（通常是 Web 浏览器）使用软件。云用户不能管理应用软件运行的基础设施和平台，只能做有限的应用程序设置。

二、云计算的特点和主要应用

通过使计算分布在大量的分布式计算机上，而非本地计算机或远程服

---

❶ 刘正伟，文中领，张海涛. 云计算和云数据管理技术［J］. 计算机研究与发展，2012（1）：26 – 31.

务器中，企业数据中心的运行将与互联网更相似。这使得企业能够将资源切换到需要的应用上，根据需求访问计算机和存储系统●。好比是从古老的单台发电机模式转向了电厂集中供电的模式。它意味着计算能力也可以作为一种商品进行流通，就像煤气、水、电一样，取用方便，费用低廉。最大的不同在于，它是通过互联网进行传输的。

（一）云计算具有以下几个主要特征

1. 资源配置动态化

根据消费者的需求动态划分或释放不同的物理和虚拟资源，当增加一个需求时，可通过增加可用的资源进行匹配，实现资源的快速弹性提供；如果用户不再使用这部分资源时，可释放这些资源。云计算为客户提供的这种能力是无限的，实现了 IT 资源利用的可扩展性。

2. 需求服务自助化

云计算为客户提供自助化的资源服务，用户无需同提供商交互就可自动得到自助的计算资源能力。同时云系统为客户提供一定的应用服务目录，客户可采用自助方式选择满足自身需求的服务项目和内容。

3. 网络访问便捷化

客户可借助不同的终端设备，通过标准的应用实现对网络访问的可用能力，使对网络的访问无处不在。

4. 服务可计量化

在提供云服务过程中，针对客户不同的服务类型，通过计量的方法来自动控制和优化资源配置。即资源的使用可被监测和控制，是一种即付即用的服务模式。

5. 资源的虚拟化

借助于虚拟化技术，将分布在不同地区的计算资源进行整合，实现基础设施资源的共享。

● 刘鹏. 云计算［M］. 北京：电子工业出版社，2010（3）：20.

（二）云计算的主要应用[1]

1. 云安全

云安全（Cloud Security）是一个从"云计算"演变而来的新名词。云安全的策略构想是：使用者越多，每个使用者就越安全，因为如此庞大的用户群，足以覆盖互联网的每个角落，只要某个网站被挂马或某个新木马病毒出现，就会立刻被截获。"云安全"通过网状的大量客户端对网络中软件行为的异常监测，获取互联网中木马、恶意程序的最新信息，推送到Server端进行自动分析和处理，再把病毒和木马的解决方案分发到每一个客户端。

2. 云存储

云存储是在云计算概念上延伸和发展出来的一个新概念，是指通过集群应用、网格技术或分布式文件系统等功能，将网络中大量的各种不同类型的存储设备通过应用软件集合起来协同工作，共同对外提供数据存储和业务访问功能的一个系统。当云计算系统运算和处理的核心是大量数据的存储和管理时，云计算系统中就需要配置大量的存储设备，那么云计算系统就转变成为一个云存储系统，所以云存储是一个以数据存储和管理为核心的云计算系统。

3. 私有云

私有云（Private Clouds）是将云基础设施与软硬件资源创建在防火墙内，以供机构或企业内各部门共享数据中心内的资源。创建私有云，除了硬件资源外，一般还有云设备（IaaS）软件；现时商业软件有VMware的vSphere和Platform Computing的ISF，开放源代码的云设备软件主要有Eucalyptus和OpenStack。

4. 云游戏

云游戏是以云计算为基础的游戏方式，在云游戏的运行模式下，所有

---

[1] 张鹏. 云计算的主要应用及网络安全研究［J］. 信息通信, 2014 (11)：87–88.

游戏都在服务器端运行，并将渲染完毕后的游戏画面压缩后通过网络传送给用户。在客户端，用户的游戏设备不需要任何高端处理器和显卡，只需要基本的视频解压能力就可以了，运营商不需要不断投入巨额的新系统平台的研发费用，而只需要拿这笔钱中的很小一部分去升级自己的服务器就行了，但是用户体验效果却是相差无几的。

5. 云教育

在线教育已经成为这几年的信息技术热点，慕课也日益普及，各类各级教育机构，可以将教育视频的流媒体平台采用分布式架构部署，分为 Web 服务器、数据库服务器、直播服务器和流服务器，还可以架设采集图形工作站，搭建网络电视或实况直播应用，在已经部署录播系统或直播系统的教室配置流媒体功能组件，这样录播实况可以实时传送到流媒体平台管理中心的全局直播服务器上，同时录播的学校本色课件也可以上传存储到总的教育云存储中心，便于今后的检索、点播、评估等各种应用。

6. 云会议

云会议是基于云计算技术的一种高效、便捷、低成本的会议形式。使用者只需要通过互联网界面，进行简单易用的操作，便可快速高效地与全球各地团队及客户同步分享语音、数据文件及视频，而会议中数据的传输、处理等复杂技术由云会议服务商帮助使用者进行操作。目前国内云会议主要集中在以 SaaS（软件即服务）模式为主体的服务内容，包括电话、网络、视频等服务形式，基于云计算的视频会议就叫云会议。云会议是视频会议与云计算的完美结合，带来了最便捷的远程会议体验。及时语移动云电话会议，是云计算技术与移动互联网技术的完美融合，通过移动终端进行简单的操作，提供随时随地高效地召集和管理会议。

三、云计算在图书馆中的应用

随着计算机和互联网技术的发展，云计算技术应运而生。图书馆向来是信息储存和利用的重要组织，所以加入到云计算的研究和应用当中来是必然。现代图书馆已不再局限于提供纸质文献，除此之外还提供文字、图像、音频、视频等数字信息的浏览和获取。对新型信息和网络技术的应用将成为现代图书馆建设和发展的重要环节和未来趋势。

将云计算技术应用到图书馆的先驱当属美国联机计算机图书馆中心 OCLC（Online Computer Library Center）。OCLC 及其成员图书馆相互协作，建立并维护 WorldCat 这一世界上最大的在线图书馆资源搜索数据库，通过共享数据驱动的合作网络，进行诸如采购编目、资源共享、馆藏管理等操作，该项目被认为是图书馆应用云计算的开端❶。

2009 年 5 月，两大开源机构库软件 Fedora 和 DSpace 合并成立 DuraSpace，提出云产品 DuraCloud：向学术图书馆、大学及其他文化遗产机构提供其数字内容的永久访问服务，存储交由专业存储提供者 DuraSpace 确保长期访问和便利使用的功能❷。2009 年 7 月，美国国会图书馆与 DuraSpace 合作进行为期一年的试验，使用云技术永久访问数字内容。其他参与机构有纽约公共图书馆和生物多样性遗产图书馆❸。

俄亥俄州图书馆与信息合作网（Ohio Library and Information Network，OhioLINK）使用了亚马逊的云计算服务，主要使用云计算服务进行公共数字资源的管理。匹兹堡大学的图书馆网站托管在亚马逊的弹性计算云（EC2）上，并且使用亚马逊的 S3 服务备份图书馆集成系统，将数字馆藏资源的管理依托在亚马逊的弹性计算云（EC2）上。加州理工学院图书馆使用 Google 公司提供的云服务应用进行图书馆部分信息的管理。美国东部州立大学将图书馆流通数据库和政府出版物管理数据库放在 Google App Engine 上。在 Google 运行环境下使用互联网上的应用服务，用户也可以运行自己的应用程序，而不需要管理服务器的运行。

---

❶ 杨宇环，张敏. 云计算技术在国内外图书馆应用现状 [J]. 合作经济与科技，2013（8）：36－38.

❷ DuraSpace 发布开源云服务 DuraCloud [EB/OL]. http://catwizard.net/posts/201111152 23117. html.

❸ 田雪芹. 云计算环境下图书馆变革的进展与趋势 [J]. 农业图书情报学刊，2010（11）.

国内对云计算在图书馆领域应用的研究与国外相比差很多，通过对国内的云计算与图书馆相关文献的检索，发现我国云计算与图书馆研究的第一人是辽宁师范大学的李永先副教授，他在 2008 年发表了名为《云计算技术在图书馆中的应用探讨》的文章，其中对云计算技术的概念做了详细的介绍，并在分析了云计算技术的特点之后，针对性地分析了我国的图书馆界对于计算技术重点关注的问题❶。2010 年以后，我国对于云计算与图书馆的相关研究日益普遍，越来越多的专家和学者加入到探讨云计算技术在图书领域应用的行列。通过分析大量的文献发现，这些文献主要都是针对云计算的含义、特点和原理等基础理论进行分析。

而国内对于云计算的应用则是在 2008 年 3 月，当时谷歌宣布与清华大学合作，推出中国的云计划❷。我国图书馆界应用云计算服务的著名例子是中国高等教育文献保障系统（China Academic Library &Information System，简称 CALIS）❸，中国高等教育文献保障系统在总结了云计算在国外一些图书馆应用成功的案例后，开发了自己的云计算服务平台（Nebula 平台），通过该平台的使用，在我国建立起一个全国范围内的高校数字图书馆云服务中心，Nebula 平台通过分布式的数字图书馆的虚拟化，为独立的图书馆信息资源的共享带了新的机遇，为我国的图书馆领域应用云计算做了一个很好的开端。除此之外，广州图创计算机软件开发有限公司推出的图书馆集群管理系统（Interlib），北京华夏网信科技有限公司创建的智能化的数字信息交互平台，即基于 Web 的集群图书馆管理系统——中国专业图书馆网（CSLN），为图书馆用户提供了实现业务管理的全面自动化❹。

---

❶ 李永先，等. 云计算技术在图书馆中的应用探讨 [J]. 江西图书馆学刊，2009（1）：105 - 106.

❷ 谷歌与中国大学合作推进云计算学术合作计划. http://www.cnbeta.com/articles/51381.htm.

❸ 王文清，陈凌. CALIS 数字图书馆云服务平台模型 [J]. 大学图书馆学报，2009（4）：13 - 18.

❹ 王晓翎. 云计算环境下图书馆的服务创新 [J]. 情报资料工作，2012（4）：82 - 84.

第三节 图书馆2.0

自 2005 年以来，图书馆 2.0 一直是图书馆研究和实践的一个热点。范并思先生的《图书馆 2.0：构建新的图书馆服务》❶ 一文，成为国内最早的图书馆 2.0 研究的重要文献，其观点具有广泛的影响力。论文中提到最早的较为成熟的图书馆 2.0 概念是 2005 年 9 月博客 Library Crunch 的博主 Michael E. Casey 对 Web 2.0 在图书馆的应用进行了探讨❷，由于 Casey 的大力宣扬，恰值 Web 2.0 成为互联网最流行元素，图书馆 2.0 的概念和理论逐渐受到图书馆界的关注。

一、关于图书馆2.0

学界普遍认为 Web 2.0 是一种以用户为中心的网络技术与服务，而图书馆 2.0 则是 Web 2.0 在图书馆界的应用，再进一步通过 Web 2.0 的思想，研究与改进图书馆数字化服务的一种认识与思考。而笔者则认为，犹如 Web 2.0 之于 Web1.0 一样，带来了互联网服务的本质改革，既然前提条件是针对"图书馆"，那么图书馆 2.0 也应该是整个图书馆服务、图书馆管理、图书馆研究等的由里到外的变革，而不仅局限于图书馆的 Web 2.0 应用，或者说只针对图书馆的数字化服务。简单地说，图书馆 2.0 就是升级整个图书馆，图书馆进入全新的发展时期。有了这样的思考，笔者搭建了图书馆 2.0 的理论框架，进行了相应的学术研究，并基于这种以用户为核心的理念完成全新的图书馆 2.0 管理信息系统的研发。

（一）图书馆2.0产生的背景和各种观点

词汇来源的、最具参考价值的 Web 2.0 的核心是让互联网服务，从受

---

❶ 范并思，胡小菁. 图书馆 2.0：构建新的图书馆服务［J］. 大学图书馆学报，2006（1）.

❷ https：//www. michaelecasey. com/［2013 – 01 – 21］.

众变成参众。2006 年美国《时代周刊》把年度人物选为"你",副标题为"没错,就是你。信息时代由你掌握。欢迎进入你自己的世界"。很显然,Web 2.0 的网络传播与文字、印刷、电视的发明不同,它不是一种自上而下的传播,而是一种自组织式的传播形式,是从下到上地进行传播。技术改变着整个社会,这次的改变是具有革命性的。图书馆的变革也随之开始,因为进入 21 世纪以来,信息技术的发展和思维日益影响到图书馆的发展。新加坡图书馆在《2000 年的图书馆》的报告中提到未来图书馆就会有 7 个方面的"范式演变"❶,意味着传统图书馆业务模式和管理系统需要进行全面变革。这 7 个方面是:

① 从图书的保管者到服务本位的信息提供者。

② 从单一媒体到多媒体。

③ 从本馆收藏到无边界图书馆。

④ 从我们到图书馆去到图书馆来到我们中间。

⑤ 按时提供(in good time)到及时提供(just in time)。

⑥ 从馆内处理(in sourcing)到外包处理(out sourcing)。

⑦ 从区域服务(local reach)到国际服务(globe reach)。

图书馆系统与服务供应商 Talis 公司在白皮书《对图书馆重要吗?图书馆 2.0 的兴起》❷ 中,也提出了图书馆 2.0 的 4 项原则:

① 图书馆无处不在(The Library is Everywhere)。图书馆 2.0 超越了"没有围墙的图书馆"的概念,将图书馆的相关内容复制到用户需要的任何地方和任何时候,读者可以通过访问其他 Web 站点就能获取图书馆资源。

② 图书馆没有障碍(The Library Has no Barriers)。图书馆 2.0 确保图书馆管理的信息资源是可以在其被需要的位置上被获得的,使用中障碍是

---

❶ 全国图书馆信息咨询协作网. 新加坡图书馆 2000 年报告 [R]. [2003 - 09 - 17].

❷ 韩小莉,王学华. 图书馆 2.0:提升图书馆服务的机遇 [J]. 中国科技信息杂志,2009 (18):161.

最小的，消除系统和信息的围墙，实现信息民主。

③ 图书馆邀请参与（The Library Invites Participation）。图书馆 2.0 鼓励参与，尊重馆员、技术合作伙伴和其他人的贡献，促进读者对已经使用的和希望获取的资源提出自己的观点等。

④ 图书馆使用灵活的单项优势系统（The Library Uses Flexible，Best - of - breed Systems）。"best - of - breed"（简称 BoB）是由用户挑选最好的单项系统后组合成新系统，这种开发理念具有更大的灵活性。图书馆 2.0 系统能够为图书馆提供灵活的、最好的系统架构。

作为一个系统供应商，Talis 白皮书对图书馆 2.0 的描述偏重于开发者的角度。更多的学者从图书馆人性化服务的角度讨论图书馆 2.0。如 Meredith 在"高等教育博客会议筹备网"访谈中提出图书馆 2.0 的概念要素包括无缝的用户体验、更多地呈现于社区的图书馆、允许读者参与等。

（二）图书馆 2.0 理念的基本理解

图书馆 2.0 不论是从图书馆管理理念、服务理念方面，还是从系统架构方面，都初步明晰为一种革命性的变化，在知识呈现爆炸性增长的今天，这个变革将会迅速地影响图书馆，推动图书馆快速向图书馆 2.0 转变。在这样的变革中，图书馆 2.0 理念的要点至少包括 5 个方面❶：

① 馆藏资源，从"为我所有"转变成"为我所用"。

② 服务，从简单的文献服务转变为广泛的知识服务。

③ 图书馆管理，从对图书的管理，转变为对人流、物流、知识流的管理。

④ 系统架构，从基于业务流程变成基于用户服务。

⑤ 读者通过 Web 2.0 获得个性化知识服务，并广泛参与图书馆的资源建设和服务。

---

❶ 杨新涯，彭晓东 . 2.0 的图书馆［M］. 广州：中山大学出版社，2010.

既然要研究图书馆2.0，就需要总结图书馆1.0。Web1.0是受众的互联网服务，图书馆1.0是什么？它与图书馆2.0有着什么样的本质变化？我们可以理解为：

图书馆1.0是基于图书馆馆藏资源的文献服务。

图书馆2.0是基于用户的知识服务。

图书馆的本质没有发生变化，都是对于读者的服务，但是服务内容、服务方式、服务的重点、学术研究的关注重点则发生了变化，而这种变化对于现阶段的图书馆来说，应该就是革命性的。图书馆1.0和图书馆2.0在图书馆管理与服务方面的不同参见表1。

表1　图书馆1.0和图书馆2.0的比较❶

比较项目	图书馆1.0	图书馆2.0
资源	图书馆馆藏文献；馆际互借	图书馆的馆藏文献；馆际互借；互联网；读者自建……
服务	文献借阅；数字资源检索	文献借阅；通过网络的知识提供和获取
用户	持有借阅证的读者	持有借阅证的读者；广泛的互联网用户
馆员	图书馆的员工	图书馆员工；虚拟的图书馆在线志愿者
参考咨询	读者向馆员咨询	读者、馆员（含虚拟馆员）共同参与
系统架构	以图书为线索的业务工作	以用户（馆员和读者）为线索的管理和服务
元数据	MARC	MARCXML；DC
数据交换和共享	Z39.50	XML
图书馆网站	图书馆概况，数字资源列表，书目检索	知识聚合的服务门户

二、图书馆2.0的理论架构

在传统图书馆学的范畴，通常针对纸质文献开展研究和服务，重点关注技术方法和管理手段。阮冈纳赞的"图书馆学五定律"是传统图书馆学

---

❶ 杨新涯，彭晓东. 2.0的图书馆 [M]. 广州：中山大学出版社，2010.

的理论基础，其描述的对象都是针对图书而非知识。随着社会的进步，现代图书馆学尤其是图书馆2.0，需要重新搭建简化的、优化的理论架构，架构的基础是针对读者需求的"知识"而进行，经常需要长期的实践研究。笔者认为资源、管理和服务，是现代图书馆学最核心的三要素，资源是基础，管理是手段，服务是目的，三位一体的循环发展，从而构成图书馆2.0的理论架构。

（一）图书馆2.0的资源

1. 馆员、读者与设施设备

这是图书馆的基础资源，也是必不可少的资源。在新技术背景下，图书馆建设、自动化设备等都值得研究，在此不再冗述。前面关于图书馆2.0的理解是"基于用户的知识服务"。那么用户这个角色，在图书馆2.0系统建设中有着至关重要的作用，因为他（她）是图书馆2.0系统永恒不变的线索。就理论而言，用户是指馆员和读者。而就系统而言用户将包括以下几个方面：

（1）系统管理用户：不能参与业务操作，仅进行系统后台管理。

（2）不同业务管理权限的馆员：包括馆长、副馆长、部门主管、馆员、临时工、勤工助学的学生等。馆员与业务管理的关联是可管理的、可跨部门的，以此实现图书馆2.0针对馆员的个性化。

（3）认证读者：持有图书馆借阅证的读者。在图书馆2.0中，应尽可能取消读者的等级，因为获取知识的权利应该是平等的。需要注意的是，读者作为图书馆最宝贵的用户资源，越来越受到重视，重庆大学图书馆从2006年开始，给毕业的同学发放"校友借阅证"，保证了图书馆服务对象的日益增长。

（4）网络读者。由于图书馆2.0系统会提供大量的基于网络的知识服务，因此网络读者的角色将成为主流，用户通过网络注册后成为图书馆的网络读者。因为知识产权的原因，或许他（她）不能直接点击各个数据库，

但是他（她）能够得到其他知识服务，如 Blog、Wiki、RSS、Tag 等，也可以向馆员索取所需文献，或者向这个网络社区中的其他人进行文献求助。

2. 文献资源

当前各个图书馆不得不面对纸质文献和数字文献共同发展的现实，一些图书馆的年文献保障能力，数字文献已经超越了纸质文献。图书馆 2.0 的开放性意味着今后图书馆的文献资源将主要包括以下 3 大类。

（1）馆藏资源。图书馆收藏的文献资源主要是纸质文献。这是图书馆 1.0 的主要业务工作，在图书馆 2.0 的管理和服务中，应更加完善和人性化。

（2）数字文献。目前主要是各类检索数据库和全文数据库，它们或者是自建的，或者是通过数据库商购买的。今后还将包括多媒体资源，如多媒体课件、图片资源库、音乐资源库、视频资源库等。

（3）共享资源。既然是"为我所用"的文献资源策略，图书馆 2.0 的共享资源将会逐渐成为图书馆开展文献服务的重要支撑。它的来源主要有 3 方面：与图书馆签订有文献共享协议的文献服务机构、互联网资源、在个性化的门户中读者分享的资源。

（二）图书馆 2.0 的管理

针对上述资源，自然而然形成多种管理——采访、编目和流通等，是传统业务工作中对于馆藏文献的管理；目录学是图书传统业务管理的理论基础；为发挥更大的服务效率，人力资源管理是针对馆员和读者的必要手段，也有相应的科学的理论基础和方法论；对于各类现代化设备的熟悉、应用和操作管理是图书馆日益重要的课题。图书馆将具有"用户流""业务流""知识流"，合理的管理流程是实现图书馆 2.0 管理系统的目标等，图书馆管理不再单独针对图书，而扩充为针对文献资源、馆员和读者、设施设备、知识服务的系统工程。

（三）图书馆 2.0 的服务

图书馆 2.0 最终目的是在传统文献服务的基础上，向读者提供基于文献内容的知识服务。如知识发现服务——为读者提供搜索全部文献资源的工具，知识管理服务——为读者提供个性化的管理图书馆文献资源的应用系统；为读者提供保存文献资料、私有文档的存储空间，知识共享服务——向读者提供馆际互借、全文传递、代查代检等服务。

三、图书馆2.0在重庆大学图书馆的实践案例

与以前的图书馆自动化系统相比较，图书馆2.0最大的区别是整个系统的架构。原来的系统架构都是基于对图书流程的控制，随着数字图书馆的兴起和信息技术的不断发展，日益增加的业务系统和数字文献资源却逐渐成为新的图书馆信息系统中的"信息孤岛"。

重庆大学图书馆自2006年5月起，基于上述的对图书馆2.0的理解，开始研发全新的图书馆管理系统。新的系统架构全部基于读者和馆员，分别建设具有底层数据关联的基于馆员的图书馆现代管理系统和基于读者的网络知识服务系统，以及用于知识发现的学术搜索引擎。犹如一棵大树，树干是"人"，业务系统则是树枝，不同的业务系统授权于不同的"人"。有了这样的架构，今后可以不断地围绕"人"这个树干，增加新业务系统作为树枝，而不至于使新出现的服务系统、文献资源成为"信息孤岛"。

（一）图书馆2.0的系统思路

（1）改变了原有图书馆系统以业务工作为核心的自动化系统，成为以"人"为核心的管理系统。"人"包括馆员和读者；用户流、业务流、知识流的整体解决方案，体现了图书馆2.0的发展趋势；通过互联网门户系统，以馆员和读者为线索，实现业务模块的权限控制，整合全部业务工作，也便于今后与各商业系统做用户的系统接口，随时新增功能模块。

（2）增加图书馆管理者的参与和控制，基于LSP（企业ERP系统发展而来的新概念，Library Service Planning，图书馆服务计划）的理念，以促

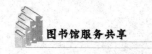

进服务效率为宗旨，馆长可以对业务工作进行调控，分派各类业务工作，并随时查看图书馆的运行状况。部室主任负责定期提交规范报表，作为工作内容而非统计功能，规范运作。

（3）体现图书馆的管理思路，整合除传统图书馆业务工作之外的其他图书馆工作：数字资源采购、数字资源管理、资金运行管理、资产管理、公文系统、人事管理、临时工管理、党务党员管理、消防管理、培训管理、奖惩记录等，符合图书馆管理的实际情况，提高综合管理水平。

（4）构建与图书馆门户系统相适应的知识管理系统。有针对性地为学科读者开展服务，提供信息推送系统，随时将最新的学科信息提供给读者，实现读者的个性化服务。读者登录门户系统后，可以自行定制自己的个性化图书馆，并提供虚拟存储空间，按照门户系统提供的元数据标准，建设自己的专题数据库备查，同时自行设定是否在整个资源系统中共享。

（5）全面集成图书馆传统文献服务和数字信息服务（数字图书馆、虚拟参考咨询、BBS、BLOG、WIKI 等），基于用户的开放平台便于进行功能扩展，随时根据网络技术的发展提供新的知识服务。

（二）图书馆2.0的软件体系

按照上面的思路，同时针对以前信息管理系统存在的问题（图书馆资源的隔离及信息服务的孤立、不能全面集成图书馆的业务和管理工作、信息孤岛现象日益严重、难以体现图书馆的管理思路），重庆大学图书馆将图书馆2.0的理念引入到图书馆管理系统中，提出"基于用户，面向服务"的五层 SOA 架构体系（见图2-2），分别为硬件平台层、系统平台层、文献数据层、业务管理层、知识服务层，根据"资源、管理、服务"三位一体的2.0理念，构建了图书馆2.0集成管理系统，将图书馆2.0管理系统分为图书馆知识搜索（解决资源问题）、个人书斋（解决服务问题）、管理系统（解决管理问题）三个子系统原型。系统采用大量 Web

2.0 技术，如 RSS、Blog、Tag、Wiki、SNS。

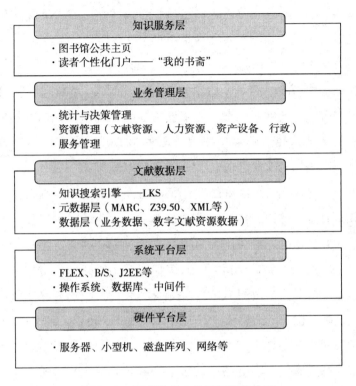

图 2-2 图书馆 2.0 的五层架构体系

（三）图书馆 2.0 系统的三大子系统

（1）子系统 1：以馆员为核心的图书馆管理系统。原有的图书馆集成管理系统均是以馆藏纸质图书为核心，针对上述各类型文献资源，自然而然形成有针对性的多种管理模式：采访、编目和流通等业务流程。其业务流程是单线程的。图书馆 2.0 为发挥更大的服务效率，还需要将图书馆的人力资源管理、行政管理、读者管理、文献服务管理都纳入业务流程中，以馆员为核心，合理进行流程控制。

（2）子系统 2：采用 Web 2.0 技术的网络知识服务系统。网络知识服务系统命名为"个人书斋"，整合了图书馆的网络服务，采用了 SNS 社会

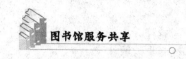

网络的技术方法，为用户提供个性化服务和个性化空间，提供了我的图书馆、读者博客、我的图片库、图书收藏、RSS 阅读、WIKI 协同写作等功能，打造读者个性化学习平台，满足用户个性化服务的需求。

（3）子系统3：统一检索平台。采用元数据收割方式，构建了统一检索平台，即类似百度、Google 的"知识搜索引擎"，不仅包括馆藏图书的检索，还整合已有的数字图书、数字期刊和其他网络资源，方便读者检索利用，并基于知识搜索引擎构建网络服务功能、图书评论和读者沙龙系统，以体现图书馆的文化功能。

图书馆2.0 现代管理系统的整体解决方案，对于国内图书馆2.0 的研究和实践具有很好的推动作用，推动了图书馆2.0 的应用实践，为读者提供高质量的知识服务，提高读者的用户体验，提升图书馆的整体管理与服务水平。基于图书馆2.0 理念的图书馆管理系统的开发与实施，在国内图书馆界引起高度关注，由图书馆自主开发的2.0 系统的良好实施，坚定了图书馆实施2.0 的信心，极大地推动了图书馆2.0 的进一步推广。系统已经在重庆大学、西南交通大学、第三军医大学、后勤工程学院、重庆师范大学、长江师范学院、四川美术学院等20 多个高校图书馆得到了应用。

四、现状与未来

经过几年的研究和发展，图书馆2.0 已经给图书馆带来了明显的变化。图书馆的学者不限于理论研究，大量的实践应用已经出现，比较有特色的是上海交通大学的 IC2，重庆大学的整体解决方案，清华大学、台湾大学、西南交通大学、厦门大学、暨南大学等图书馆的2.0 实践，越来越多的图书馆正加入到图书馆2.0 的研究和实践中。

尽管图书馆2.0 是业界的一个热点，致力于此的研究者和图书馆馆长很多，但是图书馆2.0 理念的传播还很不均衡，图书馆2.0 已经不是技术爱好者的小打小闹，而逐渐成为一种人人参与的力量。普遍均等的参与精神让图书馆重新焕发活力，图书馆2.0 已经从草根一族、纯技术的研讨上升到了一个新的层次。但目前图书馆 2.0 的发展还存在一些问题，主要有以下几点：

（1）图书馆 2.0 成熟的整体解决方案的案例还不够多，一些重要的图书馆没有参与其中，但各个图书馆普遍采用 Web 2.0 技术构建自己的某项服务。

（2）数字图书馆建设的难题，一定程度上制约了图书馆 2.0 的发展，因为毕竟图书馆 2.0 主要是依托于数字图书馆的，如传统文献资源和数字文献资源统一检索的难题。

（3）图书馆 2.0 不仅是数字图书馆的事情，传统图书馆也需要 2.0 化，但是传统图书馆的发展还不够快。如典型的传统图书馆 2.0 应用——信息共享空间，国内也只有少数几个有条件的图书馆在尝试。

图书馆 2.0 发展的核心问题还是实践应用，只有更多的图书馆尝试用图书馆 2.0 来构建自己的文献服务体系，才能推动整个事业的发展。当然也有人在问“Web3.0”已经来了，是不是应该发展和研究“图书馆 3.0”[1]？其实图书馆 2.0 不仅代表了一种服务的升级，更多的是一种理念而不是技术，Web3.0 不论是语义技术还是普适计算，甚至云计算，都可以归入图书馆 2.0 的范畴。技术永远是为理念服务的，当越来越多的图书馆参与到 2.0 的实践中来，必将有利于进一步推动图书馆 2.0 的应用和发展，相信图书馆 2.0 的研究和应用会得到持续发展，因为它的核心也是图书馆服务。

---

❶ 吴汉华，王子舟. 从“Web3.0”到“图书馆 3.0”［J］. 图书馆建设，2008（4）：66–71.

第三章 图书馆服务——以重庆大学图书馆为例

图书馆服务,是一个随时随地都提到的概念,但是往往这些常见的概念最容易被忽视。我们尽管时时在强调服务的重要性,但是大多数图书馆说不清楚到底提供多少项服务,每一项服务的内容、含义、读者办理流程,无法全部阐述清楚,如果这些都做不到,实现信息化服务、流程控制和管理就永远是空谈,也无法站在一个更高的层次进行顶层设计、规划图书馆服务、优化流程、提高服务水平。

本章以重庆大学图书馆为例,具体论述高校图书馆的服务流程规范,以及相关的图书馆服务管理。因为只有研究了图书馆的服务,才能进一步探讨这些具体的服务如何开展共享。

第一节 图书馆服务类型

大学图书馆是典型的学术图书馆,学术图书馆是图书馆的一个主要门类,和公共图书馆一样,其藏书建设、读者服务的基本理论类似,只是在读者对象和服务深度上有所不同,侧重于支持大学师生的教学活动和科学研究。重庆大学图书馆是中国西部地区较大的图书馆之一,创办于1930年,历史悠久,馆藏丰富,管理与服务并重,秉承"文献支撑、文化育人"的办馆宗旨,倡导"资源、管理、服务"三位一体协调发展的建设思路，努力将重庆大学图书馆建设成为国际知名的高水平、综合性、研究型大学图书馆。目前该馆有理工图书馆、建筑图书馆、人文社科图书馆、虎溪图书馆、历史文献中心、理学分馆共 6 个专业分馆，建筑面积达 63919 平方米，阅览座位 5397 个。图书馆馆藏为 432 万册，在建筑、管理、机械、电气、环境、冶金、信息等学科领域具有馆藏特色，人文社科文献资源在专项经费支持下亦日益齐备。2001 年起构建了数字图书馆服务平台，年数字资源购置费超过千万，保障能力极强。

重庆大学图书馆为了实现全面信息化的建设目标，自 2012 年开始进行图书馆服务流程的梳理工作，因为只有这样，才能更加有效地优化各项服务。通过一年多的努力，在多个部门的共同参与下，最终梳理出 12 类共 63 项图书馆服务，并分别拟定流程规范。

一、读者办证与培训服务

（一）读者证件

读者证件服务主要包括读者证件的办理、挂失、补办与注销，读者证件是读者进入图书馆、享受图书馆服务的唯一凭证。所有读者必须使用证件通过门禁系统检测后，方可进入图书馆。基本服务形式和流程如下：

（1）办理。不同类型读者的办证方式、费用、有效期均不一样。图书馆的读者类型包括 7 种，"校内读者 A"（计划内全日制学生、在编教职工）直接使用学校发放的校园一卡通作为读者证件，其他类型的读者须办理"重庆大学图书馆借阅证"，其他类型包括校内读者 B（非全日制学生，如成人教育学生、网络教育学生）、校友读者、联盟读者、社会读者、临时读者、机构读者。

（2）激活。为使新读者更加了解图书馆，熟悉图书馆的管理和服务规则，读者在开通借阅服务前，需要参加简短的网络培训（时间为 2～3 分钟），填写最新的联系方式，如此方可完成证件的激活。

（3）挂失。为保障读者权益，一旦发现证件丢失，读者必须及时挂失，以免出现证件冒用等情况。证件挂失有两种方式：网络挂失和现场挂失。

（4）补办。"校内读者 A"直接到一卡通中心补办校园一卡通用户，无须到图书馆办理任何手续。其他类型的读者需到图书馆办证点重新办理。

（5）注销。读者类型为"校内读者 A"的，办理离校手续时，直接进入数字图书馆"我的书斋"，点击"我的图书馆"中的"申请离校"即可。其他类型的读者，可根据自愿原则到办证室办理。

（二）读者信息素养讲座

读者信息素养讲座是图书馆为全校师生推出的综合信息服务，旨在提升读者的信息素养，主要包括新生培训（本科生、研究生）、图书馆日常讲座、科技文献检索与利用选修课、数据库专题讲座等。基本服务形式和流程如下：

1. 服务形式

（1）新生培训。图书馆于每学年第一学期开展新生培训，对象包括本科生和研究生。新生培训时间一般由图书馆和研究生院或学院共同确定，并通过图书馆主页、图书馆微博、研究生院、各个学院主页公布讲座时间和地点。学院、学部可以向图书馆预约新生讲座。

（2）专题讲座。图书馆开展提高读者信息素质的日常讲座，内容主要包括数据库使用、检索技巧、常用软件介绍等。相关讲座安排将在图书馆主页、图书馆微博等渠道发布。各学院、各学部、实验室、研究团队均可向图书馆预约专题讲座。

（3）科技文献检索与利用选修课。图书馆面向研究生开设"科技文献检索与利用"公共选修课，研究生新生可在制定培养计划时选修该课程。

（4）数据库专题讲座。数据库提供商不定期举办数据库专题讲座，读者可通过图书馆主页公告通知查询讲座时间与地点。

2. 预约讲座

师生不仅可以参加统一安排的讲座，还可向图书馆预约专题讲座，学院、学部、课题组、班级等单位和集体均可预约，每次培训人数应不少于20人。

二、文献搜索与导航服务

（一）公共目录检索 OPAC

OPAC 是 Online Public Access Catalogue 的缩写，即联机公共查询目录，是读者利用图书馆文献信息资源的重要窗口。读者可根据题名/刊名、著者、索书号、出版社、ISBN/ISSN 等检索图书馆的文献资源（纸本图书、电子图书、纸本期刊、电子期刊等），获取文献的馆藏情况（馆藏地、图书数量、是否可借、归还时间等信息），同时为读者提供新书通报、热门搜索、书评撰写、图书预约、文献收藏等功能。

（二）数据库导航

图书馆购买了大量的数字文献资源库，包含电子图书、数字期刊、学位论文、会议论文、索引/文摘数据库、视频、专利、标准、年鉴等，如中国知网 CNKI、万方、超星数字图书、维普期刊、Elsevier、EI COMPEN-DEX、Web of Knowledge 等，丰富的数据库资源是科研和教学的重要支撑。数据库导航为读者提供资源导航服务，便于读者迅速定位到需要的数据库资源。数据库导航主要有两种方式：

（1）资源类型。数字图书、数字期刊、学位论文、会议论文、专利/标准、索引/文摘、全文、多媒体、考试系统、文献管理软件等。

（2）学科分类。经济/管理/贸易、教育/语言、文学/新闻/艺术、法律、数学/物理/化学、机械/光电、冶金/材料、电气/自动化、计算机/通信/软件、生物、化工/化学、资源/环境/能源/动力、建筑、天文/历史/

地理、图书情报/档案、体育、综合等。

其他还可以通过语种、英文首字母导航。也可以直接输入关键词检索。

（三）随书光盘服务

随书光盘是图书文献的重要组成部分，随书光盘服务是图书馆为读者提供的光盘下载服务，读者可以通过网络获取图书的随书光盘资料。读者在随书光盘服务系统中利用资源导航或者光盘检索功能，即可获得随书光盘的访问地址，安装虚拟光驱客户端以后，下载镜像文件进行使用。也可以在 OPAC 系统检索后，在提供的随书光盘链接地址中直接进行下载。

（四）知识发现服务

知识发现是从图书馆购买的馆藏信息、数字资源信息和其他有利用价值的文献信息书目数据中，进行有效的元数据集中后，提供给读者有效的、新颖的、潜在有用的以及最终可理解的搜索过程，知识发现将信息变为知识，是所谓"数据挖掘"的一种更广义的说法。图书馆目前提供的知识发现服务是"超星发现"，是一站式的学术资源发现平台，整合国内外大部分的文献数据库的学术资源，方便读者一站式检索、发现和获取学术文献。系统以近十亿海量元数据为基础，利用数据仓储、资源整合、知识挖掘、数据分析、文献计量学模型等相关技术，较好地解决了复杂异构数据库群的集成整合，完成高效、精准、统一的学术资源搜索，进而通过分面聚类、引文分析、知识关联分析等实现高价值学术文献发现、纵横结合的深度知识挖掘、可视化的全方位知识关联。

三、读者门户系统服务

（一）公共主页

图书馆公共主页为读者提供馆藏资源、数字资源、图书馆概况、公告通知、新书通报、我的书斋、重要机构等服务，是读者利用图书馆文献信息资源的重要平台。公共主页采用 Windws 8 风格和大图标的方式，适应电脑、平板、移动手机用户等各种终端，采用扁平化的管理思想，将资源、服务分类管理，使读者能便捷地享受图书馆专业化的服务。主要栏目和功能包括：

（1）公告通知：图书馆的最新公告和通知都在这里，是读者了解和掌握图书馆资源、服务动态的重要窗口。

（2）资源检索：为读者提供统一检索入口，一键检索图书馆的馆藏数据和数字资源。目前包括 OPAC 系统和超星知识发现系统。

（3）我的书斋：我的书斋是读者的个性化知识社区，包含的服务有我的图书馆、书评中心、藏书架、文档库、文献互助、RSS 订阅、迷你博客、相册、校友中心、CALIS 服务、学位论文提交等，不仅可以查询到借阅记录、续借图书、超期信息等，而且可以向图书馆推荐图书、提出建议和咨询、撰写博客等。

（4）资源导航：图书馆所有文献资源的访问入口，主要包括馆藏资源、数字图书、数字期刊、学位论文、专利/标准、索引/文摘、专业全文数据库、多媒体资源、文献管理软件、考试系统、自建特色库和试用资源等，读者可以根据文献的类型选择进入，浏览所有资源列表。

（5）服务导航：包含图书馆所提交的 12 种服务分类、79 项信息服务的详细介绍，包括服务简介、服务规则、服务流程、联系方式等。

（6）图书馆概况：图书馆简介、开放时间、馆舍分布、规章制度、联系方式等。

（7）我的应用：读者登录以后，可以将常用的服务和功能添加到"我的应用"，以便迅速定位到相应服务和功能。

（二）我的书斋

"我的书斋"是读者在图书馆的个性化知识社区，类似"我的图书馆"。图书馆通过"我的书斋"提供个性化服务平台，打造读者知识社区，读者不仅可以方便查询各项服务状态、申请和办理各类文献信息服务，SNS模式还可以让读者展示自我，结交更多的朋友。

（1）基本功能。

① 我的图书馆：包括借阅情况、建议和咨询、推荐图书、电子订单推荐、申请离校、积分兑换申请、设备流通、研讨室、CALIS服务入口、学位论文提交等。

② 借阅情况：包括当前借阅、历史借阅、预约记录、阅览情况、欠款情况等的查询。

③ 书评中心：对已经借阅的图书做出评论，发表书评的读者可以获得积分奖励。

④ 藏书架：收藏馆藏图书、数字图书、数字期刊、私家藏书等。

⑤ 文档库：文档保存和共享。图书馆为读者提供网络空间进行文档的保存，读者可以分享自己的研究成果、有价值的文献资源等。

⑥ 文献互助：可以将研究文献共享，也可以像BBS一样提问，管理人员或者其他读者进行回答。

⑦ RSS订阅：可以订阅关注的信息，实现信息自动推送和订阅。

⑧ 迷你博客：读者书写和更新迷你博客，以多种方式记录博主的生活点滴。

⑨ 相册：读者可以上传和管理照片。

⑩ 校友中心：主要是校友服务，提供的服务包括借阅服务、数字资源服务、科技查新、代查代检、定题服务、文献传递、用户咨询和消费明细。

（2）社区基本功能："我的书斋"具备强大的社区功能，鼓励读者通过书斋展示自我、结交朋友，不仅可以加好友、私信，还可以发微博、相册，并和好友进行分享，同时提供个性化设置（包括昵称、书斋名等）。

（3）积分与等级：读者在图书馆借阅图书、登录书斋、参加志愿者活动、发表书评等，均可获得相应积分，系统根据积分确定读者的等级，目前的等级有童生、秀才、举人、贡士、进士和状元。

（三）文献资源荐购

文献资源荐购是图书馆为充分征集信息用户文献需求、提高文献收藏质量、满足用户文献需求而推出的服务。读者可以就纸本图书、期刊、电子资源等文献资源提出需求，图书馆根据读者的荐购意见，及时补充馆藏。读者可以通过多种途径向图书馆荐购，包括"我的书斋"、民主湖论坛图书馆服务板块、图书馆图书现采基地、图书馆组织的书展、直接与资源部联系等。

（四）移动图书馆门户

移动图书馆是指用户通过移动终端（智能手机、IPAD 等）设备访问图书馆的资源、进行阅读和业务查询的一种服务方式。该服务能满足读者随时随地学习的需求，提供馆藏 OPAC 查询、移动阅读、电子书阅读、数字资源检索、个人图书馆、文献传递、信息订阅等服务。移动图书馆的服务方式有 WAP 网站和 APP 两种方式。

（1）WAP 网站。通过智能手机、IPAD 等移动终端，直接访问 WAP 网站即可，可以查询馆藏信息、查看个人借阅信息、阅读电子图书、检索数字文献资源，部分数字资源可以直接阅读，或者通过文献传递获取，同时提供期刊导航和同时导航。

（2）APP 方式。不论是安卓平台的智能手机，还是 IOS 平台的手机和 IPAD，均可进入系统软件超市检索"超星移动图书馆"，下载相应 APP，即可使用。系统会提醒用户登录，请选择"重庆大学"，然后输入个人书斋的用户名和密码。无须另外注册。移动图书馆不仅拥有常规的馆藏检索、个人图书馆功能，同时可以阅读海量电子图书、观看海量学术视频，还有海量电子资源供读者检索，并提供原文阅读和文献传递服务。

四、文献借阅服务

（一）文献借还

文献外借服务是指图书馆允许读者通过办理必要的手续后将馆藏文献携出馆外，在规定的期限内享受自由使用的权利并承担保管义务的服务方式。借阅期满后，由读者在服务台办理还书手续，读者所借图书不应超过外借期限。工作人员办理还书手续时，如发现有涂画、破损、缺页等情况，应由读者按规定负责赔偿。重庆大学图书馆馆藏分为三级，即外借图书、特藏图书、珍藏图书。普通读者均可借阅外借图书，珍藏图书仅供阅览不外借，珍藏图书经馆领导同意后方可阅览。按照服务对象的组织方式和外借形式，文献外借可分为个人外借、集体外借、预约借书、通借通还、馆际互借等多种形式。主要流程和规则如下：

（1）找书。读者可从书架上自由选取文献，也可先利用公共目录检索系统（OPAC）检索图书，查到文献的馆藏位置，根据图书的索书号到书架查找并自取文献。

（2）借书。读者找到需要的图书后，读者凭本人借书证到各分馆流通服务台办理外借手续。读者只能使用本人的读者证办理借阅手续，不能使用他人的读者证，也不能将自己的读者证借给他人使用；读者证遗失，应及时办理挂失手续，否则图书被其他读者借走，由读者自行负责；每人借阅的册数不得超过允许其借阅的最多可借数，也不得超过图书对应馆藏允许借阅的册数。

（3）续借。如果所借图书没有被预约，也没有超期，读者可以办理续借图书，以延长借阅周期。续借的两种方式有网络续借和现场续借。网络续借流程是登录"我的书斋"后，在"我的图书馆"中点击"当前借阅"，选择图书点击绿色的加号续借即可。现场续借的方法是读者本人持读者证和所借图书到任意分馆服务前台办理即可。

（4）书评。虚拟书友会成员在归还图书时，须对所借图书发表书评。读者发表书评可以获得相应积分。积分可以获得礼品，或增加借阅权限。书友会成员必须对所借图书发表书评，否则可借册数不会因为图书归还而增加。

（5）还书。读者将要归还的图书拿到流通服务台由工作人员办理归还手续，或者读者在自助借还机上自己办理归还手续。还书时读者无需出示读者证件。为方便读者还书，图书馆开通了通还服务，读者可以就近任意选择分馆归还所借图书。

（6）违约超期。为保证绝大多数读者的权益，读者必须按规定时间归还所借图书。读者借书超出约定的借书期限，需缴纳超期违约金。若累计超过10元，系统将自动冻结读者借阅权限，读者需到各分馆指定地点交纳超期违约金后，方可解冻权限。图书到期时若遇法定节假日，自动顺延借期到节假日后1天；寒暑假期间到期的图书，自动顺延到开学后一周内归还。因特殊情况违约的读者可申请减免违约金。

（7）损坏或丢失。图书损坏赔偿：读者在借阅图书时，请注意当面检查，如发现污损等情况，应及时报告图书工作人员，以分清责任。否则归还图书时如有损毁，将按有关规定赔偿。读者任意剪裁、撕割书刊者，按盗窃书刊处理。图书遗失赔偿：读者所借书刊，必须注意爱护，妥善保管，如所借书刊遗失或严重损毁，应以与原书相同的版本，或经图书馆同意的新版本赔偿，并收取工本费。若不能赔偿同等版本图书时，按有关规定折付赔偿金。

（二）图书预约

图书预约是读者对已被借出而暂时无法借到的图书进行预约的一种流通服务。为了使读者更加便捷、有效地利用馆藏图书，图书馆对已经外借的图书实行网上预约服务。读者登录图书馆"在线书目查询系统"（OPAC）检索图书，预约自己需要的图书，其他读者归还该书时，系统锁

定图书，并通过短信或"E-mail"通知读者来馆办理借阅手续。

（1）读者在 OPAC 系统中，点击想借阅的图书，如果发现可借复本均已借出后，点击"预约"办理预约手续（登录后方可预约图书）。同一种图书如有多个读者预约，计算机管理系统将按读者预约的先后顺序自动排队，预约服务仅限于同一种图书的所有可外借复本均已被借出时才能办理。读者可预约册数＝读者可借册数－读者已借册数。读者点击"预约"后，系统会再次弹出窗口，确认移动电话和"E-mail"。联系方式如有变更，需要重新输入。

（2）读者预约的图书被其他读者归还时，图书馆根据读者填写的移动电话发送手机短信通知，或根据"E-mail"地址发送邮件通知。读者接到通知后，应及时根据短信提示到图书馆服务台办理借阅手续。读者须在预约后经常关注邮件、手机短信，或登录"我的书斋"查询预约到书情况。预约图书，从其他读者归还之日起计算，为预约读者保留 2 天，预约书在图书归还馆流通服务台预约书专架存放，读者应及时办理借阅手续。过期自动失效，系统自动转为下一位预约读者，或图书可另行借出。被预约图书不可续借。

（3）办理借阅手续。读者按照短信通知内容，到指定校区图书馆服务台办理借阅手续。预约有效期为 2 天。有效期内图书被锁定为预约的读者才能借阅，有效期过后，系统自动分配给下一位预约读者优先借阅。读者未办理借阅手续的预约记录，读者可以登录"我的书斋"，选中预约记录，点"取消预约"。读者预约了图书，图书馆也发了取书通知，而读者没有来取书，系统将自动冻结该读者的预约图书权限一个月。

（三）图书续借

读者所借图书可以登录"我的书斋"办理网上续借，或者到各分馆流通服务台办理续借，续期与借期相同。如果读者要续借的图书已被其他读者预约，则不能办理续借。所借图书最多续借 3 次，续借的方式有现场续借和网上续借。

（1）现场续借。读者可就近选择分馆，持读者证和图书在流通服务台办理续借手续（已被其他读者预约的图书除外），续期与借期相同。

（2）网上续借。在图书馆主页登录"我的书斋"，点击"我的图书馆"，选中要续借的图书后可直接办理续借。网上续借应至少在图书到期前1个工作日办理。续借期是从进行续借操作的日期开始向后顺延，请于新的还书日期之前归还图书。

读者所借图书有以下情况之一时，不能办理续借服务：所借图书已经超期；有违约行为未处理的；所借图书已经被预约。

（四）短信提醒

短信提醒是图书馆为方便广大读者而开通的通知服务，服务形式为手机短信。读者需要登录"我的书斋"点击右上角"个人资料"，在"个人资料"中填写正确的移动电话。具体服务内容包含预约到书提醒、图书催还提醒、通借到书提醒等。

（1）预约到书提醒，指读者通过 OPAC 或移动图书馆预约的图书，在其他读者归还该书时，业务系统即时向预约读者发送短信，提示读者图书已归还，尽快到图书馆办理借阅手续的提醒信息。

（2）图书催还提醒，指读者所借图书即将到期或已超期，图书馆通过短信提醒的方式告知读者所借图书即将到期或已超期，请读者尽快归还图书的提示信息。

（3）通借到书提醒，指读者所提交通借申请的图书送达读者所在校区后，馆员验收图书后向读者发送的图书送达提醒信息。

（五）批量外借

批量外借又称为集体外借，是指为满足校内外单位用户的教学、科研和生产方面的文献需求，由单位派专人持加盖公章的介绍信向图书馆提出

批量图书的外借申请，提取所需图书，经图书馆办理必要的手续后借出批量文献供集体成员共同使用，集体在规定的期限内享受自由使用的权利并承担保管义务的服务方式。

（六）自助借还

自助借还服务是读者利用图书馆提供的自助借还设备进行自助借阅和归还的服务。虎溪图书馆购置了自助借还设备，读者应按照自助借还设备旁边的提示操作完成所需的自助借还服务。读者在进行自助借还过程中出现疑问可咨询相关工作人员，以便及时解答或解决。

（七）通借通还

通借通还服务是图书馆为读者提供的老校区馆（含理工图书馆、建筑图书馆、历史文献中心）与虎溪图书馆之间跨校区的图书借阅、图书归还服务。老校区三个馆（理工图书馆、建筑图书馆、历史文献中心）之间不允许通借通还。

（1）通借：读者登录通借通还服务站点，填写通借申请单，馆员根据申请单查找图书，图书馆运书车将书送达各分馆，短信通知读者办理借阅手续。通借有效期为 3 天，有效期内图书锁定为申请读者才能借阅，有效期过后任何读者均可借阅。每人每天最多申请 2 册，每周最多 4 册。读者未主动取消申请记录且逾期不办理借阅手续视为违约，违约记录累计达到 2 次时，图书馆将对该读者停止通借服务一个月。

（2）通还：理工图书馆、建筑图书馆、历史文献中心与虎溪图书馆之间可跨校区通还图书，但应提示馆员是其他校区图书。理工图书馆、建筑图书馆、历史文献中心之间不允许通还。读者就近选择分馆，到流通服务台办理归还手续。

（八）文献阅览

阅览服务是图书馆为读者提供的在馆内阅读和使用文献的服务，书刊实行全开架阅览。读者凭读者证通过门禁系统进入图书馆，阅览室均实行开架阅览。图书馆馆藏分为三级，即珍藏文献、特藏文献和外借文献。读者可阅览的文献为特藏文献和外借文献，珍藏文献须经领导同意后方可阅览，并要收取一定费用，原则上不得复制，特殊情况下只能采用照相的方法进行复制（不允许开启闪光灯）。

（九）电子阅览室

电子阅览室是指以计算机技术、网络通信技术为基础，集网络阅览、咨询、培训、服务为一体的现代化多功能阅览室。主要功能服务有互联网信息查询、电子文献阅览、信息资源导航、检索、参考资料查询等数字图书馆服务、影视欣赏类休闲娱乐服务、计算机和网络应用的有关学习与培训。读者凭校园一卡通有偿使用电子阅览室，如有各种疑问，请咨询工作人员。

（十）自助免费复印

自助式复印服务是读者通过图书馆提供的自助复印设备完成复印工作，实现复印无人化管理。学校的师生员工在自助复印设备上按照规范流程进行操作，自己完成复印工作。在 A 区理工图书馆、B 区建筑图书馆和虎溪校区图书馆均有自助复印设备，读者凭证在工作人员处免费登记领取复印纸，每人每日限领 20 页纸张，自行在复印机上操作。

五、数字文献资源服务

数字文献资源服务是图书馆通过互联网面向师生的数字文献资源检索与获取服务。师生可通过数字图书馆查询和使用所有数字资源。

（一）索引与文摘数据库

索引与文摘数据库是将文献中的一组相关信息（如题录信息），按照某种顺序组织并指引给用户的一种指南，不提供全文下载。它具有便于检索，揭示文献信息深入、详细的优点。图书馆的索引与文摘数据库包括 Web of Knowledge、Engineering Village、SCIFinder、Scopus、CSCD、CSSCI、TSSCI 等。通过使用索引与文摘数据库可以帮助读者：探索发现某个概念、方法等从最初提出到当前的历史发展过程；掌握某作者或某单位发表论文的引用动态；关注同行最新研究动态和争议热点；某种期刊的影响因子评价等。数据库的使用方法参见各数据库使用帮助，并关注图书馆主页通知公告中关于各数据库商的巡讲以及图书馆信息素质日常讲座的通知。索引与文摘数据库主要提供题录信息，不提供全文。

（二）数字期刊与报纸

数字期刊与报纸数据库提供电子报纸和电子期刊的在线阅读和全文下载，其中中文电子期刊 1 万余种，外文电子期刊 2 万余种，具有网络获取和可回溯的特点。图书馆的数字期刊与报纸数据库包括 CNKI、维普、万方、人大复印资料等。数字期刊与报纸数据库都具有导航和检索功能，可以根据期刊名称或者报纸名称进行浏览，或者选择关键词、作者、摘要、期刊名称等字段进行检索，检索功能一般包括简单检索、高级检索和二次检索。大部分数据库的全文为 PDF 格式，使用前请下载 PDF 阅读器，部分数据库需要专用阅读器，比如 CNKI 期刊数据库的 CAJ 文件需要下载 CAJ 阅读器。有些数据库模块较多，图书馆只购买了部分模块，可能会造成数据库的部分数据无法获取，读者可以查阅数字资源的详细介绍。有些期刊数据库有并发数限制，比如 IEL 数据库、CNKI 数据库，使用时请避开高峰时期。

（三）电子图书

电子图书指数字化的图书，电子图书数据库提供电子图书的全文在线阅读，其中部分图书可以在线借阅或者下载，有些外文电子图书可以按章节下载。图书馆拥有书生之家、超星电子图书、SpringerLink、博图外文数字图书等数据库，电子图书总量超过 200 万种。电子图书数据库都提供在线阅读功能，部分提供下载、离线阅读等服务。书生之家、超星电子图书、金图、博图、Apabi 电子图书数据库均需要安装专用阅读器，请在使用之前安装。由于版权原因，部分电子图书仅提供下载，不允许复制拷贝。

（四）学位论文与会议论文

学位论文是指为了获得所修学位，按要求被授予学位的人所撰写的论文。数据库一般仅收藏硕士和博士学位论文，图书馆的学位论文数据库包括 CNKI、万方、PQDT、重庆大学博硕论文数据库等，共有 530 多万篇。学位论文数据库一般提供导航功能，读者可以根据学校、学科进行浏览，或者根据作者、导师、关键词进行检索。

会议论文是在会议等正式场合宣读首次发表的论文。会议论文属于公开发表的论文，一般正式的学术交流会议都会出版会议论文集。会议论文数据库为用户提供各类型会议文献，重庆大学图书馆购买的会议论文数据库有 CNKI 会议论文、万方会议论文、IEL 等。

（五）专利与标准

专利与标准是从事工科研究的重要参考资料，专利与标准数据库向用户提供国内、国外标准与专利信息。已购买的主要专利数据库有万方数据知识服务平台、IEEE/IET Electronic Library（IEL）的美国电气电子工程师学会（IEEE）和英国电气工程师学会（IEE）的 3889 种标准的全文信息、国家标准库（原中国强制性标准）、Derwent Innovations Index（DII）、USP-TO 专利数据库、ASTM 数据库、中国专利信息中心专利检索系统、欧洲专利局（EPO）专利检索系统、加拿大专利数据库、中国国家知识产权局专利检索系统等。

（六） 多媒体资源

多媒体资源数据库主要指音频、视频数据库，提供社会、人文、艺术、科技、自然等教育类经典视频，以及音乐、舞蹈等欣赏性节目等。部分数据库需要安装专门的客户端软件，请参见各个数据库系统的使用帮助。视频资源一般仅限在线播放，不提供下载服务。主要的多媒体数据库有网上报告厅、超星名师讲坛、软件通、新东方多媒体学习库、KUKE 数字音乐图书馆和剧院、外研社外语资源库、CAMIO 艺术博物馆在线、国道数据 MeTel 库、"知识视界"视频教育资源库等。

（七） 工具书/方志/年鉴/百科全书

工具书、方志、年鉴、百科全书是从事人文社科研究、开展调研、获取数据的重要参考，相关数据库有 CNKI 年鉴数据库、CNKI 中国工具书网络出版总库、大英百科全书在线英文版、中国新方志数据库。

（八） 软件系统与分析工具

考试系统主要向读者提供学习考试资源，包括各类考试试题、模拟试题等，主要的数据库有起点自主考试学习系统和银符等级过关考试平台。

文献管理软件对文献资料进行有效管理，方便学习、记录、撰写论文，开展文献分析，从而提升学习和科研效率。主要的文献管理软件是 NoteExpress，其核心功能是帮助读者在整个科研流程中高效利用电子资源，检索并管理得到的文献摘要、全文；在撰写学术论文、学位论文、专著或报告时，可在正文中的指定位置方便地添加文中注释。

文献分析工具主要有 ESI 和 JCR。ESI 是在汇集和分析 Web of Science 所收录的学术文献及其所引用的参考文献的基础上建立起来的分析型数据库，研究人员可以通过 ESI 工具系统地、有针对性地分析国际科技文献，从而了解科学家、研究机构（或大学）、国家（或区域）和学术期刊在某一学科领域的发展和影响；同时科研管理人员也可以利用该资源找到影响决策分析的基础数据。JCR 是多学科期刊评价工具，网络版 JCR 是唯一提供基于引文数据的统计信息的期刊评价资源。通过对参考文献的统计汇编，JCR 可以在期刊层面衡量某项研究的影响力，显示引用和被引用期刊之间的相互关系。

（九）专题与专业数据库

专题与专业数据库是针对特定领域的专业特点和用户特色需求，从海量信息数据中筛选，并进行一定程度的加工所形成的文献数据库，一般具有较强的专业和学科属性。已购买的专题与专业数据库主要有中国经济信息网、月旦知识库、人大复印资料、国务院发展研究中心信息网、中国资讯行、Lexis Nexis 法律系统、E 线图情、EPS 数据分析数据库、北大法意教育频道、SpringerMaterials 数值型数据库、国道特色专题数据库、RES-SET 金融研究数据库、全球案例发现系统（GCDS）等。

（十）自建特色数据库

自建特色数据库是由重庆大学图书馆开发与建设的专题数据库，主要包括硕博学位论文、重大文库、三峡数字图书馆等内容，主要通过 RISS2 资源服务平台为师生提供服务。主要的特色数据库如下：

（1）RISS2 资源服务平台。RISS2 资源服务平台是重庆大学图书馆自主研发的知识管理平台，目前整合的资源有重大硕博学位论文、重大文库、特藏、图像资源库、现代文献库、民主湖论坛精华帖、三峡数字图书馆等，提供资源导航、一键检索、高级检索等功能。

（2）随书光盘资源管理系统。重庆大学图书馆馆藏资质版图书所附带的随书光盘资源管理系统。

（3）重大影像特色库。提供重庆大学的影像资料，用图片记录发展轨迹。

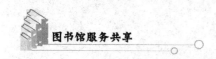

六、教学与科研支持服务

（一）设备外借（笔记本、电纸书、学习本）

设备外借是图书馆面向在校读者推出的硬件免费借阅服务，为读者学习提供基本的硬件保障，包括笔记本、电纸书、学习本三种设备，师生到图书馆办理借阅手续后，使用一定周期后归还到图书馆。笔记本外借是为广大师生读者使用数字图书馆、举行校内重要活动、研究小组学习讨论等提供方便。电纸书外借是图书馆面向在校读者推出的移动阅读服务，方便师生随时、随地开展阅读。学习本是图书馆结合海量数字资源打造的一款智能移动终端产品，学习本外借是为满足读者随时随地的阅读和学习需求，主要功能有收看学术视频、阅读电子图书、移动图书馆、无线上网。

读者凭有效证件（校园一卡通、工作证等），到指定地点办理借用手续。如果所在校区图书馆暂时没有可借的设备，读者可以通过网络进行预约。设备到馆后向预约读者发出通知，并为读者保留一天，逾期如未办理借用手续则视为放弃。如果相应设备已经全部借出，读者可进行预约。

（二）科技查新

科技查新是国家科技部为避免科研课题重复立项和客观正确地判别科研成果的新颖性而设立的一项工作，由具有科技查新资质的查新机构承担完成。查新机构根据查新委托人提供的需要查证其新颖性的科学技术内容，按照科技查新规范操作，有偿提供科技查新服务。重庆大学图书馆"教育部科技查新工作站（L02）"是目前教育部授权批准的直属的、具有部委级查新职能的认证机构，面向重庆市以及邻近省份的高校、政府机构、工矿企业、科研院所开展科技查新与咨询服务。为了规范查新流程，让查新人员深入了解用户的查新需求，用户需填写《重庆大学图书馆科技查新委托单》，馆员通过委托单进行查新。科技查新的服务对象包括校内读者和企业用户。

（三）查收查引

查收查引是图书馆依托图书馆丰富的馆藏和网络资源优势，由专业信息咨询人员根据用户提出的具体要求，为用户提供检索结果的一项服务。服务内容主要包括：论文收录检索、论文被引情况检索、学术机构发表文献检索等。查收查引的服务对象包括校内读者和企业用户。

（四）SCIE 最新收录

SCIE 最新收录是图书馆联合汤森路透公司推出的 SCI 收录动态服务，及时反映学校最新的 SCIE 收录动态。SCIE 动态服务面向全校学生开放，读者可以通过互联网点击查看相关报告，同时图书馆每年对数据进行分析和研究，形成研究报告，印刷后发放各个学院。

（五）定题服务

定题服务是指信息服务人员根据用户需求，通过对信息的收集、筛选、整理，一次性或定期将符合需求的最新相关文献信息传送给读者，并可直至协助课题完成的一种连续性的服务模式，其对象可以是高校、企业及科研院所，服务内容可以从课题查新、立项申请、开题报告、中期检查、成果验收、后续进展等科研活动的各个阶段进行文献信息服务。定题服务的服务对象包括校内读者和企业用户。

（六）专利代理

专利代理是指在申请专利过程中，专利申请人（或者专利权人）委派具有专利代理人资格的、在专利局正式授权的专利代理机构中工作的人员作为委托代理人，委托代理人在委托权限内，以委托人的名义，按照专利

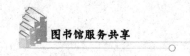

法的规定向专利局办理专利申请的一项有偿服务。图书馆有专业的专利代理人提供专利代理服务，面向全校师生和企业用户开放服务。

（七）创新发现中心

创新发现中心是指图书馆为满足师生科研需求构建的学术共享空间，致力于在大学生人才培养和学部科研创新发展两个方面发挥重要作用。创新发现中心主要的服务对象是从事科研工作的教师和研究生等，鼓励师生以科研团队的形式进入创新发现中心开展研究。通过集成丰富的文献资源、专业馆员和现代化的软硬件设施，构建一站式的知识服务体系，为研究人员、研究生提供专业文献信息服务，创造多样性的科研环境，促进用户的交流、互动、协作和共享，达到学科发现与创新的目的，打造集文献资源中心、交流讨论中心、创新研究中心于一体的开放型的发现与创新中心，更好地支持 E-Science 和 E-Research，用户不仅可以在这里找到需要的专业资料，更可以方便地与科研团队、学科馆员开展讨论，开展创新研究。创新发现中心提供的服务包括 WiFi 服务、硬件服务（笔记本、超 PAD 学习本外借）、科研辅助服务（电视机、投影仪）、科研空间服务（研修间、会议室、专题讨论区）、自助空间服务（开放学习区、自由讨论区）、自助服务（自助复印、自助打印）、科研培训服务、学科咨询服务、科研协作服务。

（八）研讨室

研讨室是图书馆为科研团队提供的免费空间服务，作为学术研讨场所，团队可以在一段时间内利用研讨室开展课题研究和课题讨论等。团队成员 4 人及以上方可申请使用，使用时间根据实际情况，最长不超过 30 天，在无其他团队预约的前提下可申请继续使用一次。读者可以现场申请和网络申请。

（1）现场申请。携带团队成员一卡通（学生证）、项目资料到图书馆指定地点（根据研讨室所处的分馆不同，办理地点不同），填写《重庆大学图书馆研讨室申请表》，图书馆将在一个工作日之内通知申请结果。

（2）网上申请。登录数字图书馆的"我的书斋"，进入"我的图书馆"，点击"研讨室"，根据需要选择相应校区的研讨室进行申请。研讨室申请成功后，研究团队可以在一定时间内使用研讨室。使用结束或者使用期满后，办理清理物品、退还钥匙等手续后停止研讨室的使用。在无其他团队预约的前提下可申请继续使用一次。

（九）学科分析报告

学科分析报告是图书馆面向学科推出的深层次服务，采用多种文献计量学方法分析某一学科的发展现状、本校现状、未来热点等，为学校的学科建设与发展提供决策支持和重要参考。目前图书馆定期推出的学科分析报告有重庆市及重庆大学年度 SCI - E 收录论文分析报告、重庆市及重庆大学 EI 科技论文年度统计分析。学科分析报告不定期不定学科进行发布，公开范围根据学科、报告时间而定。学科分析报告目前只提供纸质版，主要提供给学校相关职能部门。

（十）学位论文提交

学位论文提交是图书馆为了建设重庆大学硕博论文数据库推出的一项服务，重庆大学硕博论文数据库的建设主要是方便师生查询本校毕业生学位论文，集中展示学校研究生的论文成果。硕士、博士研究生在毕业离校之前通过学位论文提交系统向图书馆提交学位论文，论文有保密要求的学生可以申请免提交学位论文。读者通过图书馆主页"我的书斋"的论文提交系统向图书馆进行论文提交。

（十一）外国教材服务

外国教材服务是重庆大学图书馆为师生提供高质量的权威外国教材的

一项服务，主要目的是推动双语教学、方便师生获取优秀外国教材、为研究提供参考等。重庆大学图书馆是教育部外国教材中心，设立外教中心，主要收藏机械工程领域的国外优秀教材和教学参考书，并与全国其他 12 家外国教材中心建立了良好的合作，加入了外国教材共享服务体系的建设，有利于本校读者获取其他领域的外国教材。外国教材服务内容主要有外国教材检索、外国教材借还、外国教材阅览、外国教材文献传递、外国教材推荐购买。读者凭一卡通、借阅证等证件进入外教中心享受图书借还、图书阅览服务。

七、文化育人服务

（一）逸夫楼人文素质讲座

为了繁荣校园文化生活，传承和弘扬大学文化，提升学生综合素质和个人修养，图书馆在学校领导和学校国家大学生文化素质教育基地的大力支持下，自 1998 年 9 月开设"逸夫楼人文素质讲座"，邀请来自各方面的知名专家学者为读者做精彩的演讲，也欢迎其他高校的大学生前来倾听。讲座的内容包括人才培养、政治时事、社会人生、文艺百科等众多热点问题，既可以丰富学生的第二课堂，开阔视野，也能提高大学生的文化素质修养。

（二）民主湖论坛

民主湖论坛是重庆大学的官方论坛（网址：www.cqumzh.cn），创办于 2002 年 10 月 9 日，前身为重庆大学数字图书馆交流区，2003 年 9 月 10 日正式更名为民主湖论坛。经过十多年的努力，现已发展成为集 BBS、博客、资源下载等众多功能于一体的、独具特色的综合网络交流平台，在广大师生中拥有相当大的影响力。论坛始终秉承宗旨，开设了文化艺术、学术交流、生活休闲、学部风采、校园机构、校园信息、饶家院等版块，涵盖学术、休闲、学院、广告等各种主体，倡导思想、学术、文化的交流与碰撞，努力为广大师生提供优质的论坛服务。主要栏目有：

（1）视点：一个让我们立足重大、放眼世界的窗口，也是校领导与重大学子面对面交流的平台。

（2）江风竹语：民主湖论坛思想的核心，是文学的殿堂。

（3）黄桷树下：又名水区，乃玩耍嬉戏、放松交友之处也。

（4）心语馨愿：打开心门，敞开心扉，亲情友情爱情，一起述说和倾听。

（5）就业信息：为大家提供相关就业信息，交流应聘经验。

（6）人文社科：人文类特色版块，有"文化茶座"、贴诗文、毕业生系列活动等。

（三）图书馆学生管理委员会

图书馆学生管理委员会（以下简称图管会）成立于1992年4月，是一个由校学工部、校团委以及图书馆具体指导下的勤工俭学组织，是读者参与图书馆管理与服务，组织策划各类校园文化活动的学校一级学生社团。图管会的主要工作内容有：接待读者咨询，维护阅览室秩序，新报刊上架、整理，提供捐赠书、电纸书、超星学习本的借还服务，编辑发行每月一期的《书苑》报纸，播放同学们感兴趣的电影等。图管会曾连续五年获学校精神文明先进集体一等奖；时任团中央书记的刘鹏同志来校视察期间，对图管会给予了高度评价；中央电视台焦点访谈节目、《中国青年报》教育专刊、重庆电视台、重庆晚报也相继对图管会进行了专题采访和相关报道。

（四）图书馆志愿者

图书馆志愿者本身就是图书馆读者，是图书馆联系读者的纽带。志愿者与馆员在共同劳动基础上的沟通，实质上是读者与图书馆之间的双向交流。志愿者参与到图书馆的服务工作中，使他们对图书馆的工作有了更深层的了解与支持，同时志愿者作为图书馆的读者，能够及时地反映读者对图书馆的需求，使图书馆的服务工作更有针对性和目的性。图书馆长期面向全校学生招募志愿者，并成立了图书馆志愿者服务大队。主要的工作内容在图书馆重要的一线对外窗口部门，主要从事工作如下：协助图书馆书库老师做好日常管理工作（包括图书上架、整架等）；协助完成图书馆各类服务宣传活动；巡视图书馆，规劝、纠正读者不文明行为，为读者创造和谐文明的学习环境；协助资源部老师进行一些数据加工工作。

（五）"书香重大"书友会

"书香重大"书友会分为实体书友会和虚拟书友会。

（1）"书香重大"书友会（以下简称书友会），成立于2011年4月23日世界读书日，是隶属于重庆大学图书馆和共青团重庆大学委员会的一个校级学生社团。书友会致力于建立一个集理想、知识、朋友为一体的爱书人的精神家园，举办读书沙龙、好书漂流、影音文献欣赏、新书推介等活动，培养同学们的读书兴趣，营造良好的读书氛围，丰富校园精神文化，提升人文底蕴，同时管理虚拟书友会。

（2）虚拟书友会。以数字图书馆"我的书斋"、微博等虚拟交流平台与读书沙龙、图书漂流、新书推介等各种实体活动相结合的方式，重点开展写书评的相关活动，获得积分，面向全校师生开展好书推介服务。

（六）文化书刊

为了引领健康的校园文化，让更多的学子了解重庆大学、了解图书馆，图书馆创办了自己的文化刊物，并面向全校师生发行。文化刊物主要有：

（1）《重庆大学学习生活羊皮书》。图书馆送给新生的见面礼，宣传重庆大学的校园文化，指导新生如何适应大学学习和生活，是具有阅读性和收藏性的学生手册。羊皮书每年9月出版发行，每一届新生在入学时均可免费获得。2005 年创办了第 1 期，此后每年 1 期，新生人手一册。

（2）《书苑》报纸。图书馆为读者开启的另一宣传交流窗口，发布图书馆最新动态，推荐精品馆藏书籍，登载读者原创文章，以及介绍文学艺术、风土人情、人物传记等方面的内容。1996 年 11 月创办第 1 期，每年 8 期，每期发行 5000 份。

（3）《砚溪》。图书馆创办的文化期刊，刊载文学、艺术作品，引导"真性情、真感情"写作。2011 年 6 月创办，每年 2 期，每期发行 2000 册。

（4）电子杂志。包括《新生阵地》《漫步重大》《MZH 杂谈》《书香》《REDINFO》。《新生阵地》是为迎接新生制作的电子杂志；《漫步重大》是校史类电子杂志；《MZH 杂谈》是对论坛精华帖、热点帖进行整理、归类、讨论的电子杂志；《书香》是推荐优秀书籍、介绍图书馆资源与服务、刊登征文类电子杂志；《REDINFO》是影视信息类电子杂志。

（七）文化活动

图书馆通过举办丰富多彩的文化活动，丰富师生的校园文化生活，也锻炼社团成员的能力，提升学生综合素质，达到文化育人目的。经常性的文化活动包括以下几项。

（1）不见不散毕业生歌会：是目前校内唯一面向毕业生的晚会，每年六月份在理工图书馆逸夫楼前举行。2003 年 6 月举办了第一届歌会，到目前已成功举办 11 届，已成为民主湖论坛传统活动之首。

（2）"今日我值班"体验活动：为了促进读者和图书馆更深层次的沟通交流，满足读者了解图书馆业务管理的需求，读者以管理者的身份参与图书馆的日常工作，又以读者的角度发现管理工作中的不足，"今日我值班"体验活动应运而生。积极发挥了图书馆作为第二教学课堂的特殊功能。

（3）读者问卷调查：每年 4 月推出涵盖图书馆各方面工作的全校读者问卷调查，并撰写分析报告。通过问卷调查了解读者对图书馆的满意度，

发现工作中的不足之处，也为读者沙龙"面对面"活动提供有力的数据支撑。

（4）读者沙龙：读者沙龙每年五六月份举行，邀请读者代表参与图书馆建设发展的讨论。读者沙龙作为图书馆与读者之间最直接的交流沟通平台，为读者提供了与图书馆各部门负责人面对面交流的机会。

（5）图书分享系列活动：活动主旨是想和更多的人分享收藏的经典。分享活动的内容十分广泛，包括书籍欣赏、学习经验、人生感悟、时事政治、热点人物等。

（6）读书节活动：每年4月的世界读书日前后，组织开展一系列有意义的读书活动，包括读书讲座、书展、读书征文、好书分享、晒书会等。系列活动内容丰富，参与的师生众多，在校园中掀起好读书、读好书的氛围。

（7）逸夫楼影视欣赏及红房子影音：逸夫楼影视欣赏从2003年11月在理工图书馆逸夫楼六楼举办第一期起，迄今已过两百期，是校内最早免费向全校师生开放的影视播放之一。红房子影音则是由红房子工作室负责在虎溪图书馆进行电影播放。

（八）文化展览

为了构建和谐健康的校园文化，营造良好的文化氛围，陶冶同学们的情操，展现师生积极向上的精神面貌，图书馆定期举办文化展览，全面提高学生的综合素质和文化素养。展览内容包括图书文化展、名人名家展、书画作品展、摄影艺术展、图书馆资源与服务展、社团文化展等。通过文化展览，宣传图书馆，激发师生爱校、爱馆之情，建设文明、有内涵的校园文化。

（九）重大记忆

重大记忆是图书馆为毕业生提供的特色服务，毕业生离校之前将值得记忆的小物品作为"重大记忆"收藏于图书馆，毕业后本人可随时来图书馆查阅。"重大记忆"可珍藏物品：手稿（信件、日记、读书笔记）、图稿原件、照片、试卷、奖状、证书、聘书、学生证（一卡通）以及在重大就读期间值得记忆的小物品如"游园票"等均可。袋内物品不得超过300页/袋。图书馆将物品保存于专门的阅览室，毕业后本人可随时来图书馆查阅，封存期过后可以供读者借阅。

八、文献共享服务

（一）文献传递与馆际互借

文献传递与馆际互借服务是基于馆际之间资源共享而提供的一种有偿服务方式，即读者需要的文献图书馆没有收藏时，根据相关制度、协议、办法和收费标准从外馆获取。文献传递一般采用 E-mail 方式提供复制文献（主要对象是期刊论文、会议论文、学位论文、图书章节等），馆际互借是直接借阅外馆图书并在一定借期后返还。图书馆向校内读者提供的文献传递与馆际互借服务包括：

（1）CALIS 共享服务：通过 CALIS 系统（http：//202.202.12.53：9000/）可以获取全国高校图书馆、国家科技文献中心、国家图书馆的相关文献（期刊论文、会议论文、学位论文、图书章节等），主要以文献传递方式开展服务。目前只有上海市图书馆开通馆际互借服务。

（2）NSTL 文献传递：通过 NSTL 系统（http：//www.nstl.gov.cn/）可以获取中国科学院文献情报中心、工程技术图书馆（中国科学技术信息研究所、机械工业信息研究院、冶金工业信息标准研究院、中国化工信息中心）、中国农业科学院图书馆、中国医学科学院图书馆收藏的期刊、学位论文、会议论文、专利等。主要以文献传递方式开展服务。

（3）CASHL 文科文献传递：通过系统可以获取全国高校人文社会科学方面的文献（http：//www.cashl.edu.cn），主要以文献传递方式开展服务。

（4）CADAL（http：//www.cadal.net/）。大学数字图书馆国际合作计划（China Academic Digital Associative Library）的简称，提供一站式的个性化知识服务，包括书画、建筑工程、篆刻、戏剧、工艺品等在内的多种类型媒体资源。注册即可阅读并借阅电子图书，目前提供 200 万册图书的在线阅读。

（5）百链云图书馆（http：//www.blyun.com/）。包含海量的中外文文献元数据，提供免费的文献传递服务，构建了基于元数据检索的搜索引擎，实现各类型资源的一站式检索，可以对文献资源及其全文内容进行深度检索并提供文献传递服务的平台。它将电子图书、期刊、论文等各种类型资料整合于同一平台，集文献搜索、试读、传递于一体，实现了基于内容的检索，使检索深入章节和全文。进入百链云图书馆，检索所需文献并填写电子邮箱，即可通过文献传递轻松获取该数字图书馆里的图书、期刊、报纸、学位论文、会议论文、专利、标准、视频等相关文献。

（6）读秀学术搜索系统：读秀学术搜索（http：//www.duxiu.com）是一个由海量全文数据及元数据组成的超大型数据库，为读者提供 260 万种图书题录信息，其中包含 200 万种中文图书全文、6 亿页图书、期刊资料，以及报纸、论文、词条、人物和外文资料等一系列学术资源的检索及使用。通过读秀学术搜索，读者可以对图书和期刊进行目录和全文检索，检索结果直接定位到页，以最快速度获取知识点相关信息。同时，检索到的图书还可以看到图书馆的馆藏信息。读者使用时，进入读秀学术搜索系统，检索所需文献并填写电子邮箱即可通过文献传递轻松获取该系统里的图书资源。读者可以下载 50 页电子图书全文。

（二）CALIS（中国高等教育文献保障系统）共享服务

CALIS 是中国高等教育文献保障系统的简称。通过该系统可以获取全国高校图书馆、国家科技文献中心、国家图书馆、上海图书馆的相关文献，该系统以文献传递、馆际互借方式开展服务。

（1）注册账号。进入图书馆主页登录右上角"我的书斋"，进入后点击左下角 CALIS 服务下面的"CALIS 文献传递与馆际互借"，进入馆际互借读者网关系统注册页面，点击"注册新账户"，完善用户信息（E-mail 请填写重大邮箱）后提交。用户注册后，账号在 1~2 个工作日内开通。

（2）主要的文献传递。

① CALIS 外文期刊网。进入检索页面，检索到需要的文献，点击"文献传递"，系统自动跳转到文献申请页面，完善信息（填写费用限制）提交。

② E 读学术搜索与 E 得。进入检索页面，检索到需要的文献后，点击"文献传递"或者"借书"（检索结果页面默认重庆市高校，需要全国高校图书馆馆藏要选择左上角的"全国"），系统自动跳转到文献申请页面（首次使用系统跳转到登录页面，需要在登录页面选择"重庆大学"），完善信息（填写费用限制，馆际互借的图书在申请页面需选择"借阅返还"）提交。可以申请到 NSTL 文献、上海图书馆的馆藏图书以及外国教材中心的图书。

③ CALIS 学位论文。进入检索页面检索到需要的硕博论文后，点击"文献传递"（学位论文一般只能传递三分之一），系统自动跳转到文献申请页面，完善信息（填写费用限制）提交。

文献申请成功后，可以在个人管理页面查询申请文献的状态。文献将直接 E-mail 到读者邮箱或邮寄馆际互借图书或者复印件到图书馆，图书馆收到后电话通知读者领取。

（三）NSTL（国家科技图书文献中心）文献传递

国家科技图书文献中心（简称为 NSTL，http：//www.nstl.gov.cn/）是国家于 2000 年组建的一个虚拟的科技文献信息服务机构，成员单位包括中国科学院文献情报中心、工程技术图书馆（中国科学技术信息研究所、机械工业信息研究院、冶金工业信息标准研究院、中国化工信息中心）、中国农业科学院图书馆、中国医学科学院图书馆。资源包括期刊、会议论文、学位论文、科技报告、标准、日俄期刊等。目前，NSTL 拥有印本外文文献 25000 多种，其中外文期刊 17000 多种，外文会议录等 8000 多种，居国内首位。NSTL 是我国收集外文印本科技文献资源最多的，面向全国提供服务的科技文献信息机构。NSTL 订购和收集的文献信息资源绝大部分以文摘的方式，或者以其他方式在 NSTL 网络服务系统上加以报道，供用户通过检索或浏览的方式获取文献线索，进而获取文献全文加以利用。

（四）CASHL（中国高校人文社会科学文献中心）文科文献传递

中国高校人文社会科学文献中心（简称为 CASHL）为高校哲学社会科学教学和研究建设的文献保障服务体系，是教育部高校哲学社会科学"繁荣计划"的重要组成部分，也是全国性的唯一的人文社会科学文献收藏和服务中心，其最终目标是成为"国家哲学社会科学资源平台"。读者登录开世览文（http：//www. cashl. edu. cn/ portal/ index. jsp），点击左下角 CASHL 直通车用户的"注册"，进入注册页面完善相关信息，用户注册后，账号在 1~2 个工作日内开通。读者进行文献传递时，进入"文献查询"搜索到需要的文献点击"文献传递"，系统自动跳转到馆际互借页面，完善信息提交申请。文献将直接 E-mail 到读者邮箱或者邮寄馆际互借图书或者复印件到图书馆，图书馆电话通知读者领取。

（五）CADAL（大学数字图书馆国际合作计划）文献服务

大学数字图书馆国际合作计划（简称为 CADAL）前身为高等学校中英文图书数字化国际合作计划。原国家计委、教育部、财政部在 2002 年 9 月下发的《关于"十五"期间加强"211 工程"项目建设的若干意见》的文件中，将"中英文图书数字化国际合作计划（CADAL）"列入"十五"期间"211 工程"公共服务体系建设的重要组成部分。CADAL 与"中国高等教育文献保障系统（CALIS）"一起，共同构成中国高等教育数字化图书馆的框架。CADAL 向读者提供一站式的个性化知识服务，包含理、工、农、医、人文、社科等多种学科的科学技术与文化艺术，对书画、建筑工程、篆刻、戏剧、工艺品等在内的多种类型媒体资源进行数字化整合。目前已建设了 250 万册中英文数字资源，主要包括中文古籍、民国书刊、中文现代图书、中文学位论文、英文图书等。在授权的 IP 地址范围内，读者登录 CADAL 首页，完善注册信息提交即可，登录以后，检索到需要的文献信息，即可在线阅读并借阅部分民国、现代电子图书等。

九、社会服务

（一）校友服务

校友服务是图书馆针对毕业校友推出的信息服务，毕业校友凭借校友借阅卡可以继续享受图书馆提供的书刊借阅、文献传递、科技查新、查收查引、定题服务等服务。校友直接到重庆大学 A 区理工图书馆逸夫楼二楼馆际合作部办公室即可完成办理，或者将申请表发送到邮箱 xyfw@cqu.edu.cn，图书馆核实信息后开通校友服务。图书馆主要为校友提供以下服务项目：

（1）文献借阅服务。可以借阅一定数量的图书。

（2）校友专用检索区：图书馆为校友提供专门的文献查询地点，为远道而来的校友服务。

（3）文献传递。

（4）参观：带领校友参观讲解学校或图书馆的发展变化、文化传承。

（5）会议室：为校友团体提供举办同学会的会议场所，方便校友回母校参加校友会和其他议会需求。

（二）重庆数字文献信息服务（CDISS）

为整合重庆市科技文献资源，实现文献资源的共建共享，重庆市科委于 2002 年启动，由重庆大学图书馆牵头，多家研究机构联合承担了数字信息资源建设与利用项目"重庆数字文献信息资源与服务体系",成立了重庆数字文献信息服务中心（Chongqing Digital Information and Service Systems,以下简称 CDISS）,为重庆市的科学研究、技术创新、产品研发、人才培养等提供信息服务,满足政府部门和科研教育机构及社会企业等对科技信息的需求。在签订服务协议后,有如下三种服务形式。

（1）信息服务站模式：CDISS 中心在用户单位建立 CDISS 信息服务站,通过服务站,用户能够利用 CDISS 数字文献资源。

（2）专题服务模式：提供有多种专题服务,帮助解决文献信息的保障问题。主要有文献传递、定题服务、查收查引、科技查新、专利技术分析等。

（3）资源共建模式：CDISS 中心与用户单位共同建立资源站,通过文献资源共建,促进科技文献资源的共享。

（三）公众服务

社会公众读者因承担科研项目或其他需要利用图书馆藏书的读者,通过办理"重庆大学图书馆借阅证",进入图书馆查阅书刊资料和享受图书外借的服务。读者提供本人 1 寸近照一张,身份证复印件一份,填写《重庆大学图书馆借阅证申请表》并与图书馆签订《重庆大学图书馆读者服务协议》后完成办理,可以获得以下服务。

（1）图书借阅服务：公众读者凭"读者借阅卡",可在图书馆一次借图书 3 册,借阅期限是 30 天。

（2）阅览服务：公众读者凭"读者借阅卡",可在图书馆各阅览室学习、阅览,包括数字文献资源的阅览。

十、捐赠服务

（一）毕业生捐书与漂流书管理

毕业生捐书是图书馆为全校学子搭建的爱心桥梁,是知识与爱心的传承。自 2005 年起，每年的毕业季图书馆会倡议毕业学子把自己不用或不方便带走的教材、参考书以及课外读物作为一份珍贵的礼物捐献出来，以漂流书的形式给学弟学妹们利用。日常运行过程中，读者也可以直接在捐赠阅览室捐赠图书。对于捐赠的同学图书馆给予一些小礼品，并组织人力对捐赠书进行加工整理上架，从而面向全校师生进行免费借阅。图书馆设立漂流书阅览室，专门负责开展漂流书的收藏、整理和漂流的服务。所有漂流书都开放给图书馆的全体读者借阅。接收毕业生捐赠书的相关标准与服务如下：

（1）有 ISBN 号的正式出版物（包括公共课教材、教辅资料、习题册，如大学英语、高等数学、大学物理等，相关公共课的辅导丛书也属于接收范围）。盗版书籍、翻印书籍、复印书籍不予接收。零散期刊不在漂流书的收集范围之内，除非年度合订本，以 ISBN 号为准。

（2）捐赠图书应保持完整性，无恶意涂改、缺页少页、严重污损、折叠、裂缝等破坏情况，不应影响基本的阅读与使用。

（3）对于没有馆藏或者复本低于 10 册的捐赠图书，查重后可直接纳入图书馆的馆藏并补足到 10 册。为有效节约收藏空间，对同种的公共教材入藏不超过 200 册，同种的专业教材和其他入藏不超过 50 册。对于超出上述册数范围，以及过时不再使用的教材，图书馆择时捐赠给其他图书馆。

（4）图书馆对接收的捐赠图书按照专门的方法进行编目加工。

（5）捐赠书实行全开架借阅，读者凭本校一卡通或借阅证借阅书籍。读者借书总量为 10 册，借期为 90 天。读者可续借 1 次，续期与借期相同。教材、考研类图书可续借至本学年结束。寒暑假不计算入借阅天数内。

（6）读者应爱护书籍，并按时归还所借捐赠书。对超期的读者，凡有 3 次超期记录则停借捐赠书的权限。对于丢失捐赠书的，可建议读者捐赠同价值图书，否则停借捐赠书的权限。

（二）接受和对外捐赠

图书馆接受读者无偿赠送文献，从而获取文献所有权和法律权利的一种文献采访方式。图书馆接受文献后，根据文献的内容选择适合图书馆收藏的文献进行编目加工后提供给读者利用。读者将文献寄送到图书馆资源部，图书馆对收到的文献进行加工，根据用户提供的通讯地址寄出收藏证书，并每月在数字图书馆主页发布接受捐赠的文献目录。接受捐赠文献资料需满足的条件：有价值的图书、期刊、古籍、图片、收藏品及手稿；捐赠人对捐赠的资料具有所有权、处置权；图书馆缺藏或图书馆需增加复本之书刊。

图书馆将剔旧书刊，本校编制的报刊、图书等文献无偿赠送给友好单位，以推广和宣传学校和图书馆的工作、进行学术交流的服务。目前图书馆提供对外捐赠的刊物主要有：校刊（《重庆大学学报（自然科学版）》《重庆大学学报（社会科学版）》《重庆大学学报（英文版）》《高等建筑教育》《大学科普》）；图书馆自编刊物（《砚溪》《书苑》；图书馆不定期剔旧的书刊）。

十一、环境和便民服务

重庆大学图书馆的理工图书馆、建筑图书馆、历史文献中心及虎溪图书馆的总面积为 6.5 万平方米，共有读者座位 5800 个。为确保读者有舒适的借阅环境，图书馆提供空气调节、公共卫生、消毒等基本环境服务，并完善标识服务，提供有线和无线网络、便民设施、纯净饮用水等。

（一）环境服务

（1）空气调节：当室内气温低于 10℃ 及高于 30℃ 时，图书馆可以开启空调以调节室内气温。

（2）公共卫生：开馆之前完成对读者区及公共区域的卫生清理，桌面、地面无垃圾。对洗手间实行每 2 小时一次的清理。每月一次对公共区域进行消毒。对流通频繁的图书进行消毒处理。

（3）为导引读者在图书馆内方便快捷地获取服务及畅行无障碍，提供中英文对照的标识导引服务。包括楼层索引图（图书馆大厅设置总平面图及楼层索引图）、楼层平面图（每层楼显要位置，设置本楼层平面图）、书架标示（书库每层楼设置有书架标示图）、导引标示（路口设置、指示位置、建筑物内的房间名称）等。

（4）利用 LED 显示屏、电视机等终端设备在公共区域向读者发布图书馆的最新通知和公告，并展示读者感兴趣的数据，例如，最新书评、新书通报、推荐阅读、借阅排行榜等内容。

（5）无线网络。读者在图书馆使用无线网，已经覆盖所有阅览室和办公区网络，无线网名 CQU_wifi 和 lib－free，后者免费。在图书馆无线上网，读者须使用自己的上网账户和密码，账号为统一身份认证号。

（二）便民服务

（1）是图书馆为了方便读者入馆时减少携带物品所提供的一项自助服务。针对不同学生群的特点，采用了个性化的服务策略，提供无偿自助存包服务。

（2）为读者免费提供急需的某些物品的服务，提供的物品包括文具、普通急救药品、针线、雨具、充电器等。

（3）纯净饮用水服务。图书馆免费提供经过净化处理达到国家标准的饮用水及开水服务。

十二、参考咨询服务

参考咨询服务是图书馆面向读者通过电话、E-mail、BBS 等多种方式，提供有关服务政策、服务程序、资源使用、使用技巧等问题的解答。主要包括总体布局、开馆时间、规章制度、馆藏分布、馆藏特色、借阅服务规定等的咨询介绍；书目数据使用说明与辅导；参考工具书、学位论文使用辅导；提供知识性问题的咨询，包括学科知识、常识性知识的问答；提供网上图书馆、数据库资源的介绍与检索的使用指导。主要包括现场咨询、

个人书斋的表单咨询、E-mail 咨询、BBS 咨询、电话咨询、FAQ 一共 6 种服务形式。

（1）现场咨询。读者在使用图书馆的过程中，随时到服务台进行咨询。

（2）个人书斋的表单咨询。登录个人书斋后，在"建议与咨询"栏目中，提出自己需要解决的文献服务问题，在一个工作日内馆员进行回复。

（3）E-mail 咨询。读者将咨询问题发送至统一的咨询邮箱。

（4）BBS 咨询。图书馆借助民主湖论坛为全校师生推出相关服务。图书馆在民主湖论坛设立专门的"图书馆服务"版块，读者可以在该版块与图书馆馆员进行网络交流。读者登录民主湖论坛，通过网络与其他用户进行交流。图书馆指定"图书馆负责人"这个用户专门回答读者的问题。

（5）电话咨询。读者根据服务所属部门电话咨询图书馆相关服务。电话查询请查看图书馆主页的"联系我们"。最先接到读者到馆来访、来电、咨询的馆员，要负责给予读者必要的指引、介绍或答疑等服务，使读者最为迅速、简便地获取服务。不仅要为读者提供直接的、事实性的回答，还要为读者提供一定的指导与获得最佳解决方案的路径。

（6）FAQ。是常见问题的解答服务，回答用户针对图书馆服务的常见问题。图书馆根据长期的参考咨询实践经验和对用户的调查，及时收集发现整理用户常见问题，并给出准确答案。各部门将本部门相关内容修订完成，由学科服务与咨询部负责汇总修订，将用户最可能问到的或实际问到的一些问题及其答案编辑成 FAQ 问题集，在图书馆主页提供链接，供用户查询。

第二节　图书馆扁平化服务思想

完成了图书馆服务流程的梳理，面对众多的图书馆服务，如何能够以读者的需求为驱动，优化和改善这些服务，具有扁平化服务思想的业务流程再造成为必由之路。

业务流程再造思想是于 1990 年由麻省理工学院教授 Michael Hammer 针对制造企业提出❶。ISO9001（2000）将"流程"定义为：把输入转化为输出的一系列相关活动的结合，它增加输入的价值并创造出对接受者更为有效的输出❷。而服务流程是以服务为业务，以服务为目的的输出，通过着眼于服务的整体，采用系统的方法，改善整个服务体系内的分工和合作方式，优化整个服务，从而提高服务的效率，寻求服务质量的保证。在知识经济和信息网络化时代，高校图书馆的信息服务能力，影响学校在读者思想、信息和知识传承中的主渠道作用，而图书馆服务流程质量决定图书馆的实际运行效率继而影响信息服务能力。因此，图书馆需要通过对其服务流程的再造来提高自身的服务能力。

重庆大学图书馆通过对 39 所 985 高校图书馆进行调查，结果显示，截至 2014 年 9 月，31% 的图书馆已经制定实施服务流程，以北京大学、清华大学、哈尔滨工业大学、同济大学为代表；25 % 的图书馆仅对某项或者某几项图书馆的服务制定服务流程；44% 的图书馆还没有制定服务流程。而已经实施的服务流程规范主要存在需求点的模糊、服务流程分割严重、流程可延展性不强等问题。为此，重庆大学图书馆采用扁平化的服务思想来对本馆的服务项目进行全面梳理，对图书馆的各项服务进行分析和再造，制定出新的图书馆服务流程规范。

一、图书馆扁平化服务的起源和发展

扁平化思想的图书馆服务起源于近年来企业管理和产品设计中的扁平化。在信息技术日益发展下，企业通过增加管理幅度代替增加管理层次。当管理层次减少而管理幅度增加时，金字塔状的组织形式就被"压缩"成扁平状的组织形式。扁平化的管理和设计，对用户产生积极的效应：苹果

---

❶ 水藏玺. 互联网时代业务流程再造 ［M］. 北京：中国经济出版社，2015（04）：30.

❷ ASTM2000. ISO9001 - 2000. 质量管理体系. 要求 ［S］.

公司将扁平化运用到手机设计中，通过更少的按钮和选项使得界面干净整齐，更加简单直接地将信息和操作方式展示出来，减少认知障碍的产生，用户使用起来格外简洁；扁平化的 EPON 网络技术以省钱、省光纤、故障点少、网管方便的优势成为未来网络优化的趋势❶。

近年来，高校在不断实现跨越式发展，高校图书馆的服务功能紧跟时代的发展步伐，一方面通过提供新的服务业务，实现了服务功能的转型与延展，另一方面，服务的结构层次越加厚重，解决服务的流程问题成为各个高校图书馆面临的难题。而苹果公司扁平化的设计和 EPON 技术的扁平化应用则刚刚给了很好的借鉴，高校图书馆开始运用扁平化的思维来解决服务的问题，提出扁平化的服务模式，即根据简化服务中间环节的原则，制定最简化的服务程序，把图书馆的各项服务最直接醒目地呈现给读者，让读者享受最方便、快捷的服务。

由于扁平化的服务思维对图书馆服务的管理水平和服务效率有明显的促进作用，近年来已被很多高校图书馆运用。图书馆开展扁平化服务以后，涉及服务流程的中间环节被大大缩减，有必要对原有的服务流程进行再造。

二、扁平化思想的图书馆服务流程再造

图书馆流程再造的核心思想在于通过转变管理理念，以读者需求为导向、对图书馆现行业务流程进行根本性的创新，以求迅速改善服务成本、服务质量、服务速度等方面的问题，使图书馆能够提供令读者更加满意的扁平化服务，进而实现整体效益的提升。

1. 服务流程再造的目的

重庆大学图书馆通过对服务流程进行再造，把扁平化的思想贯彻到服务的每一个细节，一方面旨在更快捷地解决使用过程中遇到的资源障碍、

❶ Cordes S, Clark B. Business process management and the "new" library instruction: Navigating technology and collaboration [J]. College and Research Librarys News, 2009 (70): 272 –275.

技术障碍和制度障碍；另一方面实现图书馆服务的信息化、专业化，以达到以下具体几个方面的目的。

（1）理清图书馆的服务。

随着网络技术、媒体技术的发展，图书馆的服务业务悄然发生着变化。图书馆将信息技术与资源结合，拓展服务，开发出技术含量高的服务产品。比如：开通移动服务平台；建立图书馆博客；利用微博、微信等开展服务；与专业学术搜索引擎建立合作；等等。这些扩展的业务由于开发迫切性和时效性的问题，有的服务来不及对其流程进行梳理和规范。为此，通过服务标准流程的再造，图书馆可以把当前的服务项目和内容进行彻底的理清，明确当前环境下图书馆究竟有哪些服务，为图书馆长远的发展，夯实基础。

（2）让服务贴近读者。

当前读者的信息素养日渐提高，信息需求日益变化，信息获取途径日趋多元，读者对图书馆的依赖性逐渐减弱。这种形势下，图书馆除了扩展技术和业务来提升图书馆的影响力和服务力，还必须将服务贴近读者，满足读者多样化、特色化、个性化的信息需求。传统图书馆的服务流程，一般以资源为中心，即图书馆有哪些资源，可以提供哪些服务。通过服务流程的再造，可以把以资源为中心的服务流程转变为以读者为中心的服务流程，读者有哪些需求，图书馆就制定什么样的服务。

（3）图书馆服务的精细化。

在"精细化"出现之前，图书馆给读者的印象是一种粗放型服务，对读者的服务中往往带有"差不多""大概是""可能会"等字样，这与图书馆的发展相悖。近年来，高校图书馆愈加意识到"粗放型"服务的危害性，开始在图书馆的管理中落实应用"精细化"服务，并研究图书馆精细化服务的途径。扁平化的服务标程再造，进一步强化图书馆服务中的要点和关键环节。通过对服务过程的控制、梳理、分析，减少多余的环节、细化关键环节，增强图书馆服务的针对性，改变以往粗放型的服务，进一步

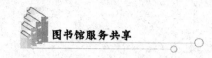

实现对读者专业化、个性化、系统化的精化服务。

三、扁平化思想的服务流程再造的过程

2014 年年初，根据扁平化服务的需要，重庆大学图书馆着手再造服务标准流程规范，其程序如图 3 - 1 所示。

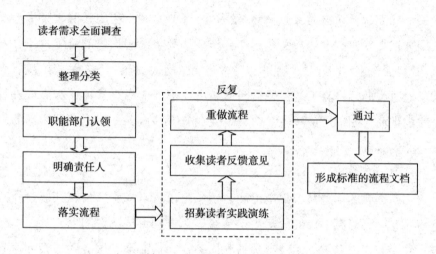

图 3 - 1　扁平化思想的服务标准流程再造过程

首先，根据以读者需求为出发点的原则，对读者进行需求调查；然后把读者的需求整理分类，并根据需求的类别分送到图书馆的各职能部门；各职能部门根据馆员的业务特长和专业背景来进行任务分配，明确具体服务的责任人；责任人根据工作实践来拟定该项服务的服务流程；图书馆招募读者对所拟定的流程进行实践演练，并反馈意见和建议；责任人根据读者反馈的信息对服务流程进行修改，读者再对新的服务流程进行实践演练，如此反复，直到该项服务的流程得到读者全面认可，由此确定最终的服务流程，并形成标准的规范文档。

比如，重庆大学对读者需求调查中，反馈出读者需要图书馆提供笔记本借还服务。由于笔记本借阅服务属于读者硬件支持服务，因此图书馆把其分配给技术部，技术部再落实工作人员来负责笔记本的安装、测试和借

阅工作，该工作人员根据服务扁平化原则拟定服务流程规范，并邀请读者进行实践，听取读者意见，再修改服务流程规范，如此反复，直到读者能最方便、最快捷就能借还到笔记本，最后形成笔记本借还服务流程规范。

　　按照上述程序，重庆大学图书馆完成了涉及读者全部需求的服务项目的流程再造，最终制定出新的《重庆大学服务流程规范》。服务流程再造的关键点有以下四个方面。

　　1. 读者需求的全面调研

　　图书馆工作最终是落实到服务读者的，因此读者需求的调研，是图书馆服务流程再造的基础。早在 2009 年，就有研究者运用马斯洛需求层次理论来分析出图书馆读者需求主要包括文献资质需求、环境需求、交流需求、尊重需求和个性化需求。因此，重庆大学图书馆对读者的需求调研，从上述需求出发，多层次多角度进行调研。在调查对象的身份、年龄、专业、爱好等方面进行科学布局；在问卷题目的设计上力行简单直接原则；在调研方式上采用现场、网络、邮件等多渠道进行。通过对读者的全面调研，强化对读者需求的了解和研究，保障所再造的服务流程切实有效地满足读者。

　　2. 服务的归纳分类

　　图书馆的服务内容十分广泛，不同的划分方法产生不同的服务类别。目前主要有三种划分方法：第一种，根据服务对象所处地的不同，图书馆服务分为校内服务和校外服务；第二种，根据服务对象的不同，图书馆服务分为在校师生服务、校友服务和社会读者服务；第三种，根据资源的类别不同，图书馆服务分为纸质资源服务、数字资源服务、空间资源服务、技术资源服务。

　　重庆大学图书馆采用第三种分类法对读者需求的服务项目进行归纳分类，这是服务流程再造工作的关键点。不同资源的载体形式、服务内容、服务时间、服务地点完全不同，因此，根据资源的类别来对服务进行归纳分类，有利于图书馆合理配置资源满足服务。这种分类框架对于服务而言，

具有很强的针对性，对服务职责的定位起到指导作用并清晰地界定出来。

3. 服务流程的反复检验

责任人根据最简化原则拟定服务流程以后，必须经过读者反复的实践来进行检验，以判断该流程的科学性以及是否满足了读者的需求，这是服务流程再造的重点。人们常说："试一试便知分晓"，责任人所制定的服务流程，只有经读者实践，才可知其原定的想法是对是错以及对或错的程度。由于所选读者不同，服务流程经读者实践以后所提出来的优化方案和细节也有所不同，因此，在制定服务流程时，重庆大学图书馆强调反复检验的过程：检验—修改—再检验—再修改，直至最佳方案。最佳方案的判断是以在实践过程中服务的中间环节尽可能最少，而又不影响服务效果为标准。

4. 对各项服务流程进行规范的文档控制

把服务流程制定成规范性的文档，形成可查阅、学习的文件是图书馆服务流程再造工作的最后一步，也是整个再造工作的文字展现形式。规范性的文件对每一项服务的服务内容、服务程序、服务形式、服务地点、服务人员、联系方式等内容进行统一的标注和描述，把图书馆的各项服务用文字表达出来，形成最终的《重庆大学图书馆服务流程规范》。采用扁平化思想所制定的《重庆大学图书馆服务流程规范》是一个以读者需求为出发点的、服务程序尽可能简化的服务流程体系，为图书馆对外的服务和对内的管理提供可查阅的依据。

5. 扁平化思想的图书馆服务流程再造工作的衍生

通过服务流程再造工作，重庆大学图书馆对读者指南、服务系统、服务环境进行升级和改造，使其满足《重庆大学服务流程规范》的服务要求，并可以以此为基础，衍生出一些个性化的服务。

（1）读者指南的个性化处理。

读者指南是让读者全面认识图书馆，获取到利用图书馆途径和方法的钥匙。通过扁平化思想对服务流程进行再造，图书馆可以从读者需求出发，重新编写《读者指南》。编写内容注重其实用性,辅以必要的配图说明;为了方便读者携带,将《读者指南》印刷成口袋书;根据读者需求编制不同版本的《读者指南》,有适合新生入校的版本,有适合大学一、二年级学生使用的版本和供教师、研究生和高年级学生使用的版本。读者指南的个性化处理,使读者了解图书馆,掌握使用图书馆的使用技巧更加灵活和方便。

(2)图书馆服务系统的优化。

通过扁平化思想的服务流程再造,图书馆充分利用服务系统的升级来对服务展示、服务检索、服务工具和服务统计等方面进行优化。

在服务展示方面,进行扁平化设计,取消与读者服务无关联性的内容,弱化关联性不强的内容,读者进入图书馆门户,直接看到的是图书馆能提供的各类服务。在服务检索上,以读者的行为为中心进行设计,检索强调各类资源的统一揭示和"发现"能力。新自主开发新 OPAC 系统,引进新的中外文发现系统。三个系统的共同使用,不仅保障提供馆藏资源的检索,同时保障网络资源的检索。在服务工具方面,充分考虑手机用户的需求,设计移动图书馆服务系统,满足读者手机、平板电脑或其他便携式移动工具的使用。在服务统计上,注重分配流程的规范化和数据化,支持读者对服务进度的查询和管理者对服务业务的统计。

(3)服务环境的改造。

人类的生存和发展离不开环境,人的任何活动都与环境的影响密不可分。图书馆环境是开展图书馆服务所必需的诸客观条件和力量的综合,它影响着读者信息获取、交流的情绪。扁平化思想的图书馆服务流程再造工作,一方面反馈出读者对于图书馆信息服务的各种需求,另一方面也反馈了满足读者需求图书馆所需要搭建的环境。

重庆大学图书馆根据满足需求原则,本着经济、实用、有效的宗旨进行对老校区的馆舍进行全面的装修改造。根据服务类别的不同,对服务区域、管理区域进行重新设计和规划,对各区域的硬件位置进行分配和安

装。整个环境改造工作，充分考虑人性化需求，对图书馆环境的颜色、灯光强度、空气质量等一系列细节工作——进行考虑。

四、图书馆扁平化思想的服务流程再造经验

1. 服务流程再造是一个系统工程

图书馆服务流程再造是一个循序渐进、不断完善的系统工作，需要分阶段、分层次进行。因此，科学规划、稳步实施很重要。实施的时候，以流程为主线，明确目标，改进图书馆的组织结构和职能与服务流程相适应。最终保障流程扁平、通畅、简明、高效。

2. 服务流程再造需要与创新服务相结合

读者的需求是动态的，因此，图书馆服务的不断创新和优化，是当前读者服务的焦点和重点。多样化的服务项目，也必然创建多样化的业务流程，尤其对于个性化和定制化程度较高的产品或服务的需求，应该注重业务流程设计的柔性化。针对这一现状和趋势，流程再造必须与产品创新相结合，提高图书馆的竞争能力和社会影响力。

3. 服务流程再造需要与提高馆员的服务意识相配合

服务流程再造的根本目的是提升图书馆的服务水平，服务水平的提高最终需要馆员的参与和支持。因此必须要在馆员内部树立和强化图书馆的服务意识，保证流程再造目标更好的实现。馆员服务意识的提高，一方面可以让馆员充分认识到服务质量是图书馆生存、发展的关键，另一方面培养馆员的团队意识，从而使图书馆内部产生强大的向心力和凝聚力，发挥为读者服务的整体效应。

五、图书馆服务的管理与评价

虽然构建了图书馆的服务体系和相关的流程规范，但是还需要加强日常管控，才能使其真正得以落实和贯彻。除此之外，图书馆对服务进行定期评价也是促进服务质量的根本保证。

1. 图书馆服务的分级

对图书馆服务进行分级，是目前提高服务质量的一种通常的做法。因为随着图书馆服务类型的增多，读者的要求也开始发生变化，读者由过去单纯的纸质图书阅读，扩展到多层次、多形式的信息需求者，如学术研究的支持，数字文献分析、多媒体体验等，对传统图书馆服务带来的冲击，使图书馆服务的内容和形式都开始发生变化，所以需要重视区别对待用户，提高服务质量。

用户需求的变化需要分级服务。当用户需求由传统书刊借阅向信息依赖转变时，其需求的深度和广度都发生了巨大变化❶。例如，在哈佛大学商学院图书馆，针对不同读者的不同需求，实行等级服务模式❷，将图书馆服务分成了五级，分别进行管理和控制。

（1）0 级服务即自助服务；

（2）1 级服务即准备服务，简单的操作服务；

（3）2 级为根据读者要求提供传统的信息参考咨询服务；

（4）3 级为较深层次的咨询服务，疑难问题的解决，情报的提供、学科动态预测、学术活动的跟踪服务、文献、学术评估等；

（5）4 级服务是知识增值服务，以读者需求为目标，解决读者个性化的深层次问题、提供科研方案决策、提供富有价值的信息产品，进行知识创新和增值服务。

尽管对于大多数图书馆来说，因为人力和财力问题，还无法提供知识增值服务，但是各个图书馆可以根据自身的实际情况，对服务进行分级控制。大学图书馆作为学术图书馆，应尽可能开展更深层次的服务，特别是针对学校重点建设的学科开展文献服务，不断提高图书馆文献服务水平，采用各种现代化技术改进服务方式，优化服务空间，注重用户体验，提高

---

❶ 张晋平. 社会分层与信息用户分级服务 [J]. 图书馆理论与实践，2008（1）：37 - 39.

❷ 朱强，张红扬，等. 感受变革，探访未来——美国三所著名大学图书馆考察报告 [J]. 大学图书馆学报，2012（2）：5 - 11.

馆藏利用率和服务效率，特别是应积极拓展信息服务领域，利用移动互联网技术，提供数字信息服务，嵌入到教学和科研过程中，开展高水平的学科化服务，根据需求积极探索开展新服务。

2. 服务专员制度

在日常运行中，图书馆要充分发挥馆员的能动性和创造性，对相关服务流程指定专人负责，才能有效提高服务水平和质量。

以重庆大学图书馆为例，该馆自 2013 年 6 月开始，在全馆范围内聘任了 12 名服务专员，分别对图书馆的 12 类服务进行管控。图书馆服务专员的主要职能是：负责协调和解决各项具体服务开展过程中出现的问题，根据服务的具体情况成立工作小组；负责拟定各自负责的服务的年度工作报告，撰写年度工作总结与分析报告；负责各项服务的推广和宣传工作，对读者进行相关内容的培训和讲座；负责根据读者需要和图书馆发展实际，利用最新的理念和信息技术，逐渐完善和优化业务流程规范等工作。通过两年多的运行，服务专员制度基本保障了各项服务的顺利实施。

3. 图书馆服务的评价

定期对图书馆的各项服务进行评价，然后根据评价结果对服务内容和范围进行调整优化，是提高服务质量的必由之路。这方面受到国内外的高度重视，国际标准化组织的 ISO11620 将图书馆服务评价的指标分成三类：读者知觉类、读者服务类和技术服务类，一共有 29 个指标体系，包括读者满意度、服务每位读者的平均成本、每位读者每年进馆次数、馆藏利用率、每位馆员年平均流通处理量、图书资料处理之平均时间、阅览座位利用率、每人每年图书资料借阅量等。作为国际化的图书馆绩效评价标准，ISO11620 自从其诞生后就为很多国家图书馆评价时所借鉴采用。

1999 年 9 月，ARL（美国研究图书馆协会）也启动了新型评估计划❶，其中的一项是使用 SERVQUAL 方法测度服务效果的实用性研究项目，项目

---

❶ 白莉娜，陆萍，乔爱丽，等. 基于 LibQUAL＋TM 的图书馆服务质量实证研究——以哈尔滨工程大学图书馆为例 ［J］. 图书馆杂志，2014（09）.

内容包括：制定基于 Web 界面的图书馆质量评价方法，制定评价图书馆的机制和协议，确定图书馆提供服务的最佳方法，建立美国研究图书馆协会的图书馆服务质量评价程序。

近年来，我国图书馆界在研究 LibQUAL 的同时，也积极推动着对其的实践活动，清华大学图书馆、中山大学图书馆、华南理工大学图书馆、华南师范大学图书馆、广西壮族自治区图书馆等图书馆先后将 LibQUAL 修正后，应用于本馆的用户满意度调查，以评价本馆的服务质量❶，均取得了满意的效果。

❶ 徐小丽. 上海市公共图书馆服务评价的应用研究［D］. 上海：华东师范大学，2009.

第四章　图书馆服务共享

"我们淹没在信息的海洋中，却饱受着知识的饥渴"——约翰·奈斯比特的预言恰到好处地形容了我们目前面临的信息环境。的确如此，数字文献已经超越传统文献，成为和物质、能源并列的三大社会基础资源的问题。图书馆作为一个开放的知识与信息中心，也不再是简单地将资源共享出来，更多的要满足读者的"不同口味"的需求，帮助人们获取知识。由此看来，服务共享则应该是图书馆下一步关注的重点。

第一节　服务共享概述

一、"服务共享"起源和研究现状

服务共享，简单地说是指经营机构的一种共享机制，各经营机构或组织共同分享一套服务体系而不是各自建立独立系统而导致重复服务❶。

"服务共享"一词的起源至今还有争议，有人认为是 20 世纪 80 年代，美国通用电气公司建立的从事客户服务业务的全球性组织，加盟机构采用统一的服务标准和体系，这是早期的服务共享的模式，是服务共享的起源。但有人认为这一术语应该起源于 A. T. Kearney 在 1990 年的一次研究实

---

❶ Barbara Quinn. Robert Cooke and Andrew Kris [J]. Shared Service, 1998 (32).

践，这项实践包括强生公司、IBM 公司、美国电报电话公司、杜邦等多家公司采用的财务共享。这两者的服务共享都是提供重复的服务机制和体系，如人力资源、市场营销、采购及研发等。

随着经济全球化、一体化的趋势愈加强烈，公司、酒店、航空等传统行业在构建其信息系统时，都希望其内部实现信息化管理，又希望与外部系统能够灵活地数据交换，这一趋势在互联网出现以后越发明显和迫切，此外传统行业为了扩大经营规模，就必须突破地域的限制，利用信息技术的快速发展。各种连锁经营、服务外包、联盟服务等新型服务共享模式逐渐成为社会的主流，在各行各业都得到大量的应用。

自 21 世纪以来，图书馆行业也逐渐将关注的重点从文献资源转向图书馆服务，一方面资源数字化引发读者到实体图书馆越来越少，另一方面更加关注读者的需求，成为图书馆服务的共识。沈勇研究数字信息资源进行有效整合后，如何开展服务共享的模式研究，认为海量信息的飞速产生，迫使各类文献机构把工作重心从如何获得信息，转到如何准确地过滤和有效利用各种信息上来，文献信息资源整合由于能有效地消除信息孤岛，提高各种信息资源的利用效率而成为大家广为流传的话题，在综合运用文献调研法、比较分析法、专家咨询法、层次分析法以及实证分析方法和计算机领域的相关技术方法进行理论探讨和实证研究，对国内外数字信息资源整合系统进行全面深入地比较分析的基础上，明确国内数字信息资源建设存在的差距，借鉴比较成功的数字信息资源整合模式和整合系统，为提出整合策略和构建整合模型奠定了理论基础❶。苏建华则研究了数字图书馆联盟的服务共享模式，分析比较目前数字图书馆联盟服务共享的模式，提出基于 SOA 和 Web 技术构建新的联盟服务共享模式的途径和思路，并详细论述了新模式的服务体系❷。

郭海明研究了公共图书馆的服务共享模式，认为知识的公共性决定了

---

❶ 沈涌. 数字信息资源整合策略与服务共享模式研究 [D]. 长春：吉林大学，2009.

❷ 苏建华. 数字图书馆联盟服务共享模式研究 [J]. 图书馆学研究，2009 (5)：35-37.

图书馆的公共性，知识公共性目标的实现需要充分共享的图书馆服务体系，公共图书馆服务共享体系是在知识公共与资源共享的背景下，围绕网络化信息环境而设计的新型图书馆服务场所、资源、设施与组织空间体系，共享的图书馆服务体系突破了单一服务体系的封闭性，为读者提供了一种开放共享的信息服务环境，实现了广阔的信息共用、服务共享和思想共有，共享的公共图书馆服务体系的构建应综合考虑图书馆体系发展的四大空间体系，即物理空间上的网点体系、虚拟空间上的网络体系、事业空间上的服务体系以及信息空间上的资源体系❶。余凌研究了图书馆联盟的机制，认为图书馆联盟实际上是各个图书馆的联合体，其实质是以联盟的形式实现各个图书馆之间的资源共享。共享模式有五种：基于 OPAC 系统的服务共享模式；基于导航系统的服务共享模式；基于跨库检索系统的服务共享模式；基于网络参考咨询系统的服务共享模式；基于链接系统和跨库检索系统整合的服务共享模式❷。

更多的研究则围绕在资源共享的基础上，如何采用联盟化、信息技术升级、SOA 服务理念等，扩展文献服务的范围，深入开展文献整理和知识组织方式等工作，开展新型的图书馆服务，满足读者的各种需求。

二、图书馆服务共享的基础

图书馆服务共享的提出，是 21 世纪以后，随着信息技术的快速发展，图书馆对读者的重视越来越高而逐渐产生的。特别是 Web 2.0 的出现，个体化的共享、参与成为服务主流，图书馆也开始尝试图书馆 2.0 理念和相关技术提升文献服务，充分尊重读者，体现人文关怀、注重读者参与，构建以用户需求为核心的服务模式，让图书馆在完善文献资源支撑体系的同时，关注读者个性化需求，逐渐深化服务，拓展服务，提升图书馆管理水

---

❶ 郭海明．知识公共下的公共图书馆服务共享体系构建［J］．图书馆理论与实践，2009 (5)：72－76.

❷ 余凌．图书馆联盟服务共享模式探讨［J］．琼州学院学报，2014 (4)：124－128.

平及服务质量。在此背景下，图书馆服务共享应运而生。

（一）Web 2.0 方兴未艾

1. Web 2.0 的诞生

"Web 2.0"这个概念源自于 2004 年，身为互联网先驱和 O'Reilly 公司副总裁 Dale Dougherty 在一场头脑风暴论坛中指出，伴随着令人激动的新程序和新网站间惊人的规律性，互联网不仅远没有"崩溃"，甚至比以往更重要，那些得以活过泡沫破裂的公司之间似乎拥有某种相同点，这也是互联网的一个转折点，就是诸如"Web 2.0"这种运动❶。

通常认为 Web 2.0 更注重用户的交互作用，用户既是网站内容浏览者，也是网站内容制造者。Web 2.0 让互联网进入了一个崭新的时代，其核心是互联网的服务让用户从受众变成参众，用户成了真正的上帝。Web 2.0 的网络传播与文字、印刷、电视的发明不同，它不是一个习惯性的自上而下的传播，而是一种自发组织式的传播形式，从下到上的进行传播。技术再次改变着整个社会，Web 2.0 的改变无疑是具有革命性的，如果说 Web1.0 是以数据为核心的网络，Web 2.0 就是以人为出发点的网络❷。

2. Web 2.0 特征和相关技术

Web 2.0 具有去中心化、开放、共享等基本特征，主要体现在：

（1）用户分享。在 Web 2.0 模式下，用户可以不受时间和地域的限制分享各种观点，既可以得到自己需要的信息，也可以发布自己的观点。

（2）信息聚合。信息在网络上不断积累，通过 RSS 等聚合技术，统一呈现在用户的终端上，不再分别去各个网站。

（3）出现大量以兴趣为聚合点的社群。在 Web 2.0 模式下，对某个或者对某些问题感兴趣的群体可以有效聚集，并对这些话题进行深入讨论，自然而然地细分了市场。

---

❶ 王伟军，甘春梅. WEB2.0 信息资源管理［M］. 北京：科学出版社，2011.
❷ 邓超明. 网络整合营销实战手记［M］. 北京：电子工业出版社，2012.

（4）开放的平台，活跃的用户。几乎所有的 Web 2.0 平台都具有开放性，不仅对于用户来说是开放的，用户因为兴趣而保持比较高的忠诚度，他们会积极地参与其中，而且对于其他互联网网站也是开放的，更加有利于构建各类数据、服务共享系统。

Web 2.0 的技术主要包括：博客（BLOG）、RSS、百科全书（Wiki）、网摘、社会网络（SNS）、P2P、即时信息（IM）等。

（1）Blog（博客/网志）。Blog 的全名应该是 Web log，后来缩写为 Blog，是一个易于使用的网站，用户可以在其中迅速发布想法、与他人交流以及从事其他活动，所有这一切都是免费的。后来又在此基础上发展了微博，成为最有效的快速交流和社交网络。

（2）RSS。RSS 是站点用来和其他站点之间共享内容的一种简易方式（也叫聚合内容）的技术。最初源自浏览器"新闻频道"的技术，通常被用于新闻和其他按顺序排列的网站，如 Blog。

（3）Wiki。Wiki——一种多人协作的写作工具。Wiki 站点可以有多人（甚至任何访问者）维护，每个人都可以发表自己的意见，或者对共同的主题进行扩展或者探讨。Wiki 指一种超文本系统。这种超文本系统支持面向社群的协作式写作，同时也包括一组支持这种写作的辅助工具。有人认为，Wiki 系统属于一种人类知识网格系统，我们可以在 Web 的基础上对 Wiki 文本进行浏览、创建、更改，而且创建、更改、发布的代价远比 HT-ML 文本小；同时 Wiki 系统还支持面向社群的协作式写作，为协作式写作提供必要帮助；最后，Wiki 的写作者自然构成了一个社群，Wiki 系统为这个社群提供简单的交流工具。与其他超文本系统相比，Wiki 有使用方便及开放的特点，所以 Wiki 系统可以帮助我们在一个社群内共享某领域的知识。

Web 2.0 技术构建起来的互联网网站，已经成为用户使用的主流：百度百科、Wiki 百科、豆瓣、音悦台、开心网、人人网、点点网、Wallop、dajie、openBC、Cyworld、43things、Flickr、Craigslist、客齐集、Friendster、

LinkedIn、UU 通、优友、天际网、爱米网、linkist、新浪点点通、Skype、亿友、新浪名博、土豆网、优酷网、QQ 空间、猪八戒网、知乎等。

3. Web 2.0 文化

关于 2.0 文化究竟是怎样一种文化现象，目前社会上已经有了一定的讨论，但尚未有确切的定义，仅有局部的个别讨论和描述。有人认为 2.0 文化是一种后现代主义文化，它具有大众草根性、受众失落性和公众狂野性；也有人认为，2.0 文化意味着多元文化发展的黄金时期的到来，意味着原生态文化的延续，意味着弱势文化的保护，意味着通俗文化的形成和传播；也有人认为，2.0 文化是突破技术范畴的文化，是全面影响个人、社会和互联网的文化，认为"在我们全人类的生活中最终到处都会出现 2.0 的身影，或迟或早都会受到 2.0 的冲击和影响，最终都要普及和推广 2.0 文化"。而从 Web2.0 理念本身理解，2.0 文化就是人文的文化、参与的文化，共享的文化。不管怎么理解，2.0 已经成为一个事实的文化现象。

中国互联网信息中心的统计数据显示，2000—2007 年，中国网民的人数从 2250 万攀升至 1.37 亿，这一数据在持续增长，截止到 2010 年 12 月，我国网民总数飙升至 4.57 亿，互联网普及率攀升至 34.3%，网民规模居世界第一。从各种互联网使用情况来看，网民认为互联网对自己的学习、工作和生活非常重要的，分别占到 41.1%、45.8% 和 29.8%；网民每周使用互联网的时间从 2001 年的 8.5 小时攀升到现在的 16.9 小时。由此看来 Web2.0 的应用将会随着互联网普及率的上升而得到更大的发展，与此伴生的文化，也将越发地显现其特征。

（二）图书馆已经形成以读者为中心的服务理念

来自千百年来沿袭下来的观念的压力，来自 Google 的压力，来自开放获取运动的压力，等等，使得进入 21 世纪以来的图书馆，开始寻求改变。图书馆是否会成为一种更加面向大众的新型信息中介机构，或者逐渐被网络的信息服务所替代而成为类似图书的博物馆、文物收藏机构，都成为业

界学者所关注、思考的重点。

随着 Web 2.0 的发展，给图书馆带来了新的理念和思路的同时，也带来了新的发展机遇。用户不再单纯地满足于大量的网上资源，而是渴求全方位的服务。因此建立在技术性与资源数字图书馆基础之上的服务型图书馆，是图书馆的未来发展方向，因为采用先进的服务方式、服务手段为用户提供更好的服务，才是图书馆建设和发展的核心。

近现代图书馆一直倡导以读者服务为核心构建图书馆系统，摒弃原来的"重藏轻用"思想，但是收效甚微。21 世纪以来，随着个性化时代的来临，这种思想越来越受到重视。2003 年，中山大学程焕文教授在编写教育部"面向 21 世纪课程教材"——《信息资源共享》时，根据世界各国图书馆信息资源共享的历史与现状、理论与实践，总结归纳出四个基本定理：定理一，一切信息资源都是有用的；定理二，一切信息资源都是为了用的；定理三，人人享有自由平等地利用信息资源的权利；定理四，用户永远都是正确的。这四个基本定理揭示了人类社会信息资源共享的基本观念、普遍原则和社会价值，是信息资源共享的理论核心和实践准则。定理四"用户永远都是正确的"揭示信息资源共享服务的用户观念和基本准则，引起了图书馆界的广泛关注和争论，也让这个定理进入很多图书馆馆员思想深处。

可以说，如何去实践和运用这个信念，决定了图书馆管理和图书馆服务的发展方向、路线和结果，也说明新世纪图书馆行业对于读者权利的重视。随之而来的，很多图书馆开始尝试为读者提供个性化的服务：定制收藏、个人门户、学科专题文献推送、手机图书馆定制等，都为随之而来的图书馆 2.0 的起源和发展奠定了基础。

（三）服务手段和服务内容的多样化，成为服务共享的坚实基础

有了计算机，有了互联网络，有了大规模存储技术的支撑，有了对于读者的关注，新世纪图书馆的服务手段和服务内容开始变得多样化：讲座

与培训、专题文化展览、在线咨询和交流服务——甚至是 BBS、娱乐服务功能、读者利用文献的数据挖掘和分析、文化素质教育、定制复印、信息共享空间、高校科研成果转化的引路、学科研究者的网络虚拟社区等。有些服务似乎超出了传统图书馆的范畴，但这就是 21 世纪的信息服务，这些改变，意味着在社会发展的竞争和压力中，图书馆已经尝试着去寻求一条适合这个行业生存和发展的、倡导知识服务的特色之路。

图书馆的上述改变，具有两个鲜明的特色，一个是对于读者的高度关注，超过了以往任何时候，这也符合"以人为本"的时代特色；另一个是与信息技术紧密结合，科技是第一生产力，传统图书馆的每一次大发展，从文字的产生、纸张的诞生、印刷术的发明、计算机的使用等，无不都是以技术作为强大的推动力，这也同样符合信息时代的特征。

三、对服务共享基础——图书馆资源的重新理解❶

1. 馆藏的文献资源

图书馆目前收藏的文献资源，主要是纸质文献，对于纸质文献的管理和服务，是图书馆的业务核心工作。计算机出现后，尤其是数字化出版的兴起，业界曾经讨论纸质文献什么时候消亡的问题，但是事实是：一方面纸质文献保存着人类自诞生以来的几乎全部的知识积累，这是不可替代的；另一方面，纸质文献仍然保持着稳定的增长率，由于各行业信息化水平的问题，由于地区之间贫富差距的原因，由于传统的阅读习惯的问题等，在很长的一段时间内，纸质文献仍将是文献的主流。前面已经提到传统图书馆学的重点就是对于纸质文献的研究，因此对于纸质文献的管理和服务已经形成了一整套的理论、技术方法，其中也不乏宝贵的经验。

2. 数字文献

计算机和互联网真是人类伟大的发明，数字文献随着计算机的产生而

---

❶ 杨新湉，彭晓东. 2.0 的图书馆［M］. 中山：中山大学出版社，2010.

产生，又随着互联网的产生而凸显出价值，20 世纪 90 年代之后，多媒体技术的出现，也让数字文献变得丰富多彩起来，以前通过存储在光盘、磁性材料等载体的纯文本文献，增加了图像、声音、影像等更多直观的媒体，于是正式出版的数字文献出版物开始出现：数字图书、数字期刊、全文数据库、网络报纸、电子地图、软件、音乐 CD、电影 DVD 等，似乎数不胜数。21 世纪初，互联网的推广又加速了数字文献的传播深度和广度。数字文献以其存储形式多样、体积小、内容丰富、传播速度快、范围广、检索方便等优点，越来越受到读者的认可和喜爱，图书馆自然也愿意投入购买数字资源的经费，目前图书馆主要是各类检索数据库和全文数据库，它们或者是自建的，或者是通过数据库商购买的；或者在本地建立镜像站，或者通过 IP 控制进行网络远程访问。今后还将包括多媒体文献资源，如多媒体课件、图片资源库、音乐资源库、视频资源库等。

但是，数字文献种类的繁多，带来了相应的问题：元数据标准的不统一、数字格式的多样性、独立的管理和服务系统等，都给读者带来很多不便。随着数据库的增多，图书馆服务器和存储系统的压力也越来越大，系统管理员日益发现自己成为机房管理员，因为不时地要监控各种文献服务器的状态，定期增加数据，进行数据备份。这些众多的数据库，其实大多数是以"信息孤岛"的方式而存在的，之间并没有数据关联，检索也是各自独立的，因此，图书馆不得不提出"统一检索平台"的概念，期望通过这样的折中方式，解决不同数据库之间的集中检索问题。

3. 共享的文献资源

图书馆的资源不能仅限于馆藏的文献，按照"为我所用"的文献资源策略，共享资源将会逐渐成为图书馆开展文献服务的重要支撑。尽管目前图书馆也大力提倡文献资源共享，并在国家层次、地区层次、高校之间建立起了一些行之有效的共享体系，但是对于图书馆来说，还是不够的，毕竟在目前的技术条件下，共享的技术支撑和共享的需求远远超过了以前。

4. 互联网的开放资源

通过 Google 或者 Baidu 获取信息，已经成为多数人的习惯，尤其是这些搜索引擎的事实数据的资源量，已经远远超过任何一家图书馆。互联网上的其他可用的知识资源，则更加丰富，比起传统文献来，在时效性、专业性方面有过之而无不及。这些开放的资源，都可以成为图书馆开展知识服务的重要来源，但是需要图书馆注意的是，互联网资源数量众多且分散，且每天都在快速增长，如何对这些资源进行开发利用并纳入图书馆的文献资源服务体系中？读者为什么不直接检索利用这些搜索引擎？都是急需解决的难题。

5. 读者的共享资源

在图书馆 2.0 的理念中，倡导读者分享自己的文献资源，这就需要在读者的个性化门户中，基于 Web2.0 技术，给读者提供保存各类私有文档和文献资源的网络虚拟空间，读者可以自行设定，将其中的部分文献共享出来，经图书馆馆员审核后发布，从而形成图书馆资源体系的一部分。这其实也是"开放获取"的精神和模式，是在图书馆得到的具体体现。但是图书馆需要解决的问题是：读者凭什么要把自己的文献资源共享到图书馆来？毕竟互联网上还有很多类似的服务。上述所有的文献资源，甚至包括网络书店的销售书目、出版社的新书目、新华书店的订购书目、二手图书市场的销售目录等，都需要纳入统一的图书馆知识检索的体系中，并具有统一的读者沙龙系统，针对检索出来的文献资源，鼓励读者开展评论和推荐，形成图书馆独特的网络文化氛围。

6. 馆员和读者也是图书馆最重要的资源

图书馆服务的对象是读者，是最宝贵的用户资源，读者和馆员共同在整个图书馆生态体系中承担着具有能动性的重要作用，也是图书馆服务的永恒不变的线索。图书馆系统为读者服务，也为图书馆馆员开展管理工作服务，换句话说，馆员也是整个系统架构中的用户之一，是从事管理工作的资源。随着文献服务体系的完善，我们甚至可以设想，将来或许会出现没有一本馆藏图书的图书馆，馆员按照读者提出的需要，再从不同的文献共享渠道获得文献并提供给读者，实现"按需服务"。

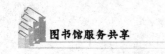

馆员也是一个广泛的概念，从事图书馆管理工作的都是馆员，包括馆长、副馆长、部门主管、普通馆员、系统管理员、临时工、勤工助学的学生等。图书馆应该倡导馆员进行图书馆管理的个性化，实现馆员与业务管理的关联，实现馆员角色的可管理、可跨部门。目前图书馆采用的现代化图书馆管理系统，一般包括图书采访子系统、编目子系统、流通子系统、公共检索子系统、期刊管理子系统及办公管理子系统等，都是针对馆藏图书来设计系统架构，而图书馆则以管理系统的各个功能块为基础，设置采访、编目、典藏、流通、阅览等部门，在这些部门之间以传统的纸质文献交接为核心。但是随着数字化资源的增多，服务类型的增多，这种线性"物质流"的工作流程已经不能适应图书馆现代化发展的需要，因此图书馆应该提倡以馆员为核心的业务流程重组，实现按角色、分层次的业务管理逻辑控制，以适应图书馆复合型的发展态势，凸显人力资源的重要性。

以用户为核心的图书馆服务共享体系，在提倡文献资源共享的同时，还将提倡馆员资源共享、读者资源共享。馆员资源共享，将实现图书馆之间的联合参考咨询、联合编目、联合建设数字化文献资源等，读者资源共享，将在 Web2.0 技术的支持下，实现在虚拟空间中，读者个人空间的互访、互助，并可以在大范围内，分享来自更多图书馆的读者上传的共享文献资源。

7. 设施和设备

不可否认，这是图书馆的基础资源，也是必不可少的资源。在新技术背景下，在图书馆服务共享的背景下，图书馆的建筑、公共设施、自动化设备等都值得研究，以进一步适应读者的需要。就目前而言，图书馆的馆舍已经朝着全开放图书借阅一体化、功能多样化、网络化、休闲化的方向发展，而图书馆的设施和设备，也将适应现代化的发展进度，大量使用高性能服务器、计算机、海量的磁盘阵列等，生产力水平的提高，同样带来了图书馆知识服务效率的大幅提高。在设施、设备资源与图书馆服务理念结合方面，近期出现的"信息共享空间"（Information Commons，简称 IC）

是一个较为完美的结合。这是图书馆的一个经过特别设计的一站式服务中心和协同学习环境，综合使用方便的互联网、功能完善的计算机软硬件设施和内容丰富的知识库（包括印刷型、数字化和多媒体等各种信息资源），在技术熟练的图书馆参考咨询馆员、计算机专家、多媒体工作者和指导教师的共同支持下，为读者（包括个人、小组或学术团队）的学习、讨论和研究等活动提供一站式服务，培育读者的信息素养，促进读者学习、交流、协作和研究。与之相类似的还有创新社区（Innovation Community，也简称IC）。2007年年底，上海师范大学图书馆建设了国内最早、规模最大、拥有全新服务理念的IC，位于该校奉贤校区图书馆六楼，整合了互联网络、计算机硬件设施及各种类型文献资源（包括纸质资源和数字资源），有可伸缩性电子教室、促进小组研究的讨论室、指导读者学习和提高研究技能的咨询区、帮助读者开发教学作品的多媒体制作室等。该IC环境优美，技术设施先进，加上高水平的学科专业人员，为该校师生提供了一个方便、舒适、优雅的信息服务场所。上海交通大学、重庆大学等图书馆也已经计划在各自的新馆建设中构建信息共享空间。

四、图书馆服务共享理念

随着信息时代的来临和社会进步，信息技术的种种诱惑让图书馆工作变得艰难起来，多样的读者需求，日益变化的服务方式，图书馆行业压力也日益增大。因此图书馆应通过各种技术手段，通过对传统文献管理方式的变革，强化对读者的知识服务，将图书馆的一部分服务内容或服务能力共享出来，其他图书馆或用户可以通过请求获得共享的服务内容或能力，通过服务共享将图书馆联结在一起，构成一朵服务云，在云中每个机构都是服务提供者，同时也是受益者。例如，一个是图书馆某学科的编目数据，可以通过一个数据接口，向另外一个图书馆提供服务调用，便可实现编目资源的共享。又如，某一图书馆网站拥有标签的规范化输出的能力，也可通过这种方式，为另外一个图书馆的用户提供规范标签提示。

因此图书馆服务共享是以共建信息为资源，个体图书馆之间共享服务内容，彼此互通有无，形成整体合作服务，发挥信息资源的优势，互联信息、联合服务、共享资源，降低了发展成本，为社会大众提供最大的方便，提升整个图书馆事业的服务能力。不论是在规划、建设和实施过程中，图书馆服务共享都要坚持共享的理念，主要有以下四个方面。

1. 资源"为我所有"转变为"为我所用"

现代图书馆的开放性要求图书馆应抱着"不求为我所有，但求为我所用"的态度，且意味着今后图书馆将突破文献资源的范畴，不管是哪种类型的资源，其建设目的仍然是为读者所用，并且义无反顾；图书馆资源建设的延续性，客观上图书馆馆藏文献仍然将成为开展知识服务的主要资源。"资源有限、服务无限；存取有限、获取无限"，但是图书馆的资源不能仅限于馆藏的文献，按照"为我所用"的文献资源策略，共享资源将会逐渐成为图书馆开展文献服务的重要支撑。将来服务共享文献资源来源将主要有三方面：图书馆参与的文献共享体系、互联网的开放资源、读者的共享资源。

2. 人性化"畅通无阻"服务

2008 年 4 月发布的"OCLC 成员委员会探讨图书馆的创新"消息中报道了 2008 年 2 月召开的 OCLC 成员委员会会议重点探讨了"图书馆服务的创新思想"。其中，关于大学图书馆服务创新有一点是，"信息时代图书馆的设计"中强调：图书馆创新应以内容管理、学习和服务扩展为指导，对馆藏和服务项目进行整合，开展馆际合作❶。图书馆是学习、阅读、免费获取信息的场所。2003 年 6 月的"后数字图书馆的未来"研讨会（又称"泛在知识环境"研讨会）上提出了"后数字图书馆"，定位于提供"泛在知识环境"，"泛在"即"无处不在"，旨在创建一个人类共用的知识环境，提供无所不在，触手可及的移动信息服务。"5A"图书馆理想是"任

---

❶ OCLC 成员委员会探讨图书馆的创新［EB/OL］.［2011 - 07 - 11］. http：//www. oclc. org/us/ en/news/releases/20084. htm.

何用户（Any User）在任何时候（Anytime）、任何地点（Anywhere），均可以获得任何图书馆（Any Library）拥有的任何信息资源（Any Information Resource）"❶。两者都意在突破时间、空间的限制，以"用户为中心"，提供"无所不在"的开放式、深层次的知识服务，这也为图书馆的蓬勃发展提供了广阔的空间，因此人性化"畅通无阻"服务，必须是图书馆服务共享坚持的理念，在读者的角度思考服务的细节，最好提供一站式服务，不论是现实的，还是虚拟空间的。

3. 高度重视用户参与和用户体验

2005 年 OCLC 的报告《图书馆与信息资源认知》为图书馆提供了清晰的方向：图书馆应当为用户主动宣传其服务，应当寻找方法将用户所需的文献提供给他们，而不是让人们到图书馆去找❷。新时代的图书馆，从对 Web 2.0 相关技术的应用发展到更加重视其理念和哲学在图书馆中的应用，将用户作为基础，以用户为中心，尊重读者，强调用户参与，重视用户体验、用户交互与用户参与，消除资源利用和获取的障碍，图书馆的资源建设、服务开展和管理工作都是围绕着用户而进行的，尽最大努力使得每位读者都能享受图书馆服务。有几个例子，如美国的密歇根州 Ann Arbor 市的市立图书馆（AADL）把整个图书馆网站改成以网志的形式呈现，并且各个部门都有自己的博客，如 AudioBlog、Book Blog、Events Blog、Service Blog 和 Research Blog，积极促进用户的参与和互动；圣约瑟芬公共图书馆（St. Joseph County Public Library）设立了专题指南维基（Wiki），帮助用户了解专题信息以及图书馆与社区事务，用户也可以进行反馈，提出想法和建议，由馆员发布相关的信息，用户也可以对图书馆提供的服务发表意见和进行讨论，鼓励用户参与。OCLC 也积极利用 Web 2.0 进行服务创新，并启动 Wiki 的试验（Wiki Worldcat），等等。可见"走近用户"重视用户

---

❶ 周祖平. 让资源就在您的手中 [J]. 科学与财富，2015（01）：188.

❷ OCLC 成员委员会探讨图书馆的创新 [EB/OL]. [2011 - 07 - 11]. http：//www.oclc.org/us/en/news/releases/20084.htm.

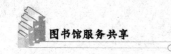

参与、用户体验是图书馆要积极努力的方向之一，也是服务共享必须坚持的宗旨。

4. 共享互赢

构建网络社区，营造一个读者可以交互的虚拟空间，提供更多的知识服务，而且这个空间面向整个互联网的用户。这其中包括读者与馆员的交互、读者之间的交互、读者群的建立与交互、馆员之间的交互、图书馆直接的交互，可采用激励的积分制度等。

图书馆的知识社区应给读者提供各类文献资源（包括读者之间的共享资源）的个性化定制服务，并能根据自己的需要，进行分类、组织、标引等，供读者方便地、长期地利用自己需要的文献知识。此外，每位读者都有自己的学科背景，或者学科关注方向。

Web 2.0 以个人交流为中心，形成信息发布与互动的聚集，信息丰富的个人或社群站点成为信息汇集的中心。这种信息汇集中心，具有互动解题和资源自给的功能，是网络多向交流、多媒体类型交流的生存适应者，是 Web2.0 时代的新生信息中心。这种新生的信息中心使得知识的获取呈现"去中心化"的特征，这对图书馆由于知识资源聚集而自然形成的中心地位，构成了很大挑战❶。

五、图书馆服务共享内容

图书馆服务共享对系统的新技术有了更高的要求，以求更加符合"读者至上"的服务原则。图书馆服务共享通常采用 SOA 架构的图书馆服务共享体系，通过相关书库标准和互操作标准，实现成员机构所需业务的互联互通，保障用户在各个成员机构能够享受通行的服务，构建数据交换中心，实现对于用户的统一认证和相关成员机构之间的结算，忽略对于成员机构内部业务的管理和影响，重视用户的共享需求，开展相关共享服务，

❶ 图书馆 2.0 工作室. 图书馆 2.0，升级你的服务 [M]. 北京：北京图书馆出版社，2008.

加强互动交流，发挥文献互助、资源共享的最大功效。

图书馆服务共享背靠图书馆行业的文献资源背景和用户背景，制订图书馆服务标准、元数据标准和相关业务规范，建设读者认证中心和数据交换中心，实现公共数据交换基础上的读者和服务共享。对于各个图书馆的文献服务进行统筹、引导和协调，最大限度地满足读者的各类文献需求。图书馆服务共享可围绕图书馆群和读者群，建设网络知识服务社区，开展在线阅读、参考咨询、知识共享等服务。

1. 传统图书馆服务

（1）馆藏目录。同时获得参与服务共享的多个图书馆馆藏目录，编目人员可用共享出来的书目信息，快速完成编目工作，节约时间精力；读者可查询共享图书馆的馆藏信息，实现网上预约、网上续借、还书日提醒等功能。

（2）馆际互借。用户可以在服务平台内填写并提交馆际互借需求。在统一规划下实现借书证"一卡通"。同城可"网上预约、通借通还、送书到馆、资源共享"的服务模式。不同地域的用户或在不同图书馆注册的用户，可在整个保障体系中的图书馆就近借阅。

（3）文献传递。通过复印、电传、邮寄等方式实现对纸型文献的介质传递服务，通过 E-mail 和建立文献传递专用服务器等方式实现数字化资源的网络传递服务。读者通过服务共享平台查询感兴趣的资源文献，并预订传递服务。这些服务都是传统以资源共享为核心的共享体系的基础性工作，在服务共享体系中依然非常重要。

2. 知识社区

图书馆知识社区构建于 Web2.0 技术之上，因为 Web2.0 的思想完全符合图书馆建设读者知识社区的目的，尤其是"以人为本"的思想。但是图书馆毕竟有自己的实际情况，根据读者的需求设计新的服务功能，可以尝试包括以下社区要素。

（1）SNS 的基本功能。网络社区基本功能，可以在图书馆的知识社区中进行提供。包括站内短信、好友的搜索与添加、好友空间的互访、好友群的设置与管理、开放获取空间的提供、协同写作、生活服务功能等，甚至是一些小游戏功能，都是吸引读者使用知识社区的要素。

（2）与图书馆传统文献服务的联系。既然同样也是图书馆管理的一个门户系统，就务必实现读者在图书馆中各项阅读活动的真实反映的诸多功能，包括检索馆藏图书、借阅情况查询、推荐采购图书、图书超期提醒及通知、图书预约和续借、个性化的数字文献资源定制、馆员的在线咨询和服务、读者建议和投诉等。这些功能方便读者利用传统图书馆，提高文献的利用率。

（3）RSS 的知识订制与阅读。RSS 是一个非常典型的、适合于图书馆使用的应用。除了图书馆可以提供新书目录、图书馆通知、学科信息等RSS 的推送服务之外，还可以在门户系统中给读者提供 RSS 订制与阅读的功能，读者通过 RSS 订制各类互联网新闻、博客、产品信息、图书馆书评等，并自行分类整理，形成个性化的网页，所有需要的图书馆信息或者互联网都能够及时更新、查阅，成为图书馆与互联网的一个很好的纽带。

（4）文献资源收藏。图书馆的文献资源可以用浩如烟海来形容，读者往往重复需要某篇文献，不得不重新进行搜索。因此图书馆的个人书斋必须提供文献资源的收藏功能，读者将需要的、感兴趣的文献资源收藏起来，也可以自行设置分类、标注等，实际上就是个人组织起来的图书线索，以大大方便读者利用图书资源。通过收藏功能，读者可以组建一个属于自己的虚拟的图书馆。目前图书馆已经逐步将数字资源也纳入图书馆检索系统中，这样会使个人门户的收藏功能更具有实用价值。

（5）读书笔记（含书评系统）。读书人通常都有一个习惯，就是写读书笔记，有些读者还有专门的读书笔记本，但是纸质图书和计算机之间没有形成关联，所以之前图书馆不能实现这个服务。在拥有个人门户之后，图书馆可以一个类似博客记录日志的功能，将读者检索过的、借阅过的图书统一进行罗列，然后由读者自己添加该书的读后感、评论等，图书馆可以委派馆员评分和推荐。这些读书笔记将显示在图书检索系统中（隐私的书评，读者可以设置权限不进行共享），供别的读者检索到这本书后进行参考，以决定是否借阅。同样图书检索系统也可以提供书评功能，阅读过这本图书的读者，就可以直接在检索系统中添加图书评论。读书笔记加上图书评论功能，相当于读者也参与到图书馆的图书推荐中。

（6）图书交易。图书馆的门户系统在技术实现上，和商务门户没有太大差别，差别在于内容的实现。既然是图书馆就和"书"有关，个人书斋系统就应该把"书"的文章做足：如果读者不能检索到需要的图书，不能馆际互借到需要的图书，那么图书馆还可以通过电子商务的方式，读者自购急需的图书，这种情况往往发生两种情况下：所需图书是新书、所需图书一直都处于被其他读者借阅的状态。更进一步的，读者自己手中的图书，如果不需要，也可以通过个人门户系统提供的商务平台，实现二手图书交易。

3. 荐购图书

用户可以向其他用户推荐本馆已有图书，也可以在本馆的电子订单中向采编部推荐采购新书。这是图书馆馆藏资源建设的重要渠道，其方式有多种，往往开发专门的服务平台，将出版社和书商最新的书目信息进行推送，供读者按需推荐，馆员收到推荐信息后，查重后自动生成订单。

4. 参考咨询

目前图书馆通常采用在线回答、留言簿、BBS、电子邮件、电话等多种方式，实现与读者之间的沟通，开展各种类型的参考咨询服务，用户可以在线填写相关的咨询、建议或意见，并能及时得到在线馆员的答复或解决方案。由各馆推荐咨询馆员组成服务共享联盟内联合咨询馆员，通过电话、E-mail、面谈以及在线咨询等形式，为读者提供联合参考咨询服务，并逐渐建立起 FAQ 专家知识库。还可以进一步尝试在两方面得到提高：其他读者也可以参与咨询工作，读者对于问题的解决能够更加贴近需求；由于图书馆服务联盟的建立，使学科专家参与咨询和图书馆联合咨询成为可能。

5. 科技查新的服务共享

用户在先填写查新委托书，提交相关资料，并可在系统查询委托查新项目的进度。不同的图书馆具有专业各色，其取得查新资质的方向也不同，服务共享后可以充分利用这些特色，开展更深入的服务。

6. 知识共享

（1）文档库。可以分为"我的文档""我的收藏""共享文档""文档上传""我的分类""个人论著"几个部分。用户可以向知识社区上传和共享自己的文档，通过共享服务阅读和下载其他用户的知识文档，也可以通过收藏文档功能将共享文档库中的有用资料建立起快捷访问方式，从而缩短获取知识的时间。在本模块中，用户还可以将自己上传的文献按照自定义标准进行分类，方便用户管理文档。

（2）藏书架。由于大多数图书馆受到经费、场地等限制，不可能将各学科的图书都纳入馆藏计划。在该模块中，用户可以通过上传私人藏书目录并与其他用于共享，从而达到图书交流的作用。

（3）读书笔记：读书笔记是对书评的一种层次上的提升。一般书评以短小精悍为主，而读书笔记更倡导"长篇大论"，用户可以在这个功能的帮助与整个知识社区的用户分享读书心得与收获，激发灵感。

7. 多样性知识源的聚合（RSS）

RSS 是一种被广泛采用的内容包装定义格式，如在重庆大学图书馆的知识社区中，RSS 聚合被命名为"知识源"，其基本模块为用户提供了如天气预报、移动便签、日程安排、书签等服务，模块中的知识源不仅可以由用户根据自己的需求从图书馆定制或自行添加，同时还可以将已经添加的知识源在知识社区中进行共享。当用户有明确的学习目的但没有确定的学习内容时，知识源的交换与共享可以帮助用户提高学习效率。目前大多数期刊都提供 RSS 信息推送，读者选用这种方式订阅期刊发文的最新情况，在第一时间获得专业信息。

8. 开放式互动服务

"文献互助""买书卖书"（图书交换）和"写写文章"（协同写作）

三部分可以实现图书馆知识社区的开放互动功能。"文献互助"使图书馆文献传递服务在"馆际互借"功能中已得到实现，因此"文献互助"系统主要用于户之间的知识交换和文献互助，读者可发表个查找文档的信息，其他读者可以帮忙一起来做这件事，有求助的文献信息的可以直接提供给读者。节约读者获取搜索文献信息的时间。这也正是体现了图书馆服务的目标——"节约读者时间"，让读者在最短时间内获得自己想要的知识，也更加完善了知识社区的互动功能。"写写文章"（协同写作）则是基于SNS 技术中的 Wiki 思想的服务，它为做共同研究的用户集体编辑写作同一文章提供的技术支持。协同写作保留历史编辑记录，可以追溯以前的版本，有利于研究团队的组织与管理，便于分工合作。图书交换功能是通过用户上传并共享可供交流的私人藏书信息，为用户间交流图书提供的一项服务，该服务也是弥补馆藏有限的一种措施。图书的交换功能则是由用户在系统之外实施完成，充分利用私人藏书开展服务。

9. 人际交流服务

SNS 的基本功能是将现实的人际关系虚拟化，并重新构建社会人际关系。在图书馆知识社区中，"相册""迷你博客"和"好友互访"三大功能模块的目的就是帮助用户建立、添加好友，增加交流的机会，从而帮助用户实现虚拟的知识社区人际网络关系的建立。如前所述，社区互访除了提供个好友空间及一些借阅信息的查询等，采用 SNS 技术全面集成社交功能，用户在通过添加好友并快速地访问好友的同时，还可以从好友动态中了解到好友最新的动态，如上传了哪些图片，最新哪些文档，最新添加了哪些好友，最新写了什么迷你博客等，同时用户可以了解最近有哪些读者访问了自己的书斋等。这一技术的集成与应用，大大丰富了用户在知识社区的社交关系网络。用户可以好友为中心把各个单一的读者联系成一个人际关系网，基本每个读者与读者之间都是有联系的，自己可以根据自己的交友原则，迅速快捷地建立起知识社区的社交网络。

10. 联合开展阅读推广和其他主题活动

各成员馆可以联合开展主题书展、书评、新书通报、阅读辅导等读者

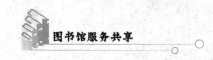

阅读主题活动，开展学者讲座、文献利用培训、影视评介、书画展览等文化主题活动，持有服务共享"借阅证"的读者可免费参与。

第二节　可供借鉴的服务共享体系

一、中国银联的共享模式

1. 中国银联概况❶

20 世纪 80 年代，以四大国有商业银行为主的银行进行行内测试发卡，布放银行卡终端，初步形成银行卡系统。但各自独立的模式，导致银行之间的卡片和终端标准不统一，"一柜多机"现象严重，同行的卡也无法跨地区使用。为了改变现状促进银行卡的联网联合，1993 年中国启动"金卡工程"，到 2000 年，陆续建立 18 个城市银行卡交换中心和一个总中心，部分实现当地城市的同城跨行通用和部分城市间的异地跨行通用。随着社会接受银行卡的程度越来越高，经国务院同意，各商业银行联合起来，合并原有银行卡信息交换中心，于 2002 年 3 月在上海成立中国的银行卡联合组织——中国银联。

目前中国银联已经成为不仅服务于中国，而且服务于越来越多国家和地区，拥有 200 多家境内外成员机构的银行卡组织，并延伸到亚太、欧美、非洲、澳洲等多个国家和地区，银联自主品牌成为国内普遍认可、国际具有影响的银行卡品牌。

中国银联通过银联跨行交易清算系统，实现商业银行系统间的互联互通和资源共享，保证银行卡跨行、跨地区和跨境的使用。中国银联已与境内外数百家机构展开广泛合作，银联网络遍布中国城乡，并已延伸至亚洲、欧洲、美洲、大洋洲、非洲等境外 150 多个国家和地区。中国银联大

---

❶ 中国银联网站 http：//cn. unionpay. com/ ［2013 - 06 - 16］.

力推进各类基于银行卡的综合支付服务。持卡人不仅可以在 ATM 自动取款机、商户 POS 刷卡终端等使用银行卡，还可以通过互联网、手机、固定电话、自助终端、智能电视终端等各类新兴渠道实现公用事业缴费、机票和酒店预订、信用卡还款、自助转账等多种支付。围绕着满足多元化用卡需求，在中国银联和商业银行等相关机构的共同努力下，一个范围更广、领域更多、渠道更丰富的银行卡受理环境正在逐步形成。

2. 性质与职责

中国银联处于银行卡产业的核心和枢纽地位，是实现银行卡系统互联互通的关键所在。依托中国银联跨行交易清算系统，中国银联制定和推广银联跨行交易清算系统入网标准，统一银行卡跨行技术标准和业务规范，形成银行卡产业的资源共享和自律机制，从而对银行卡产业的发展起到引导、协调、推动和促进作用。

中国银联的主要职责是负责建设和运营银联跨行交易清算系统这一基础设施，推广统一的银行卡标准规范，为商业银行、特约商户、持卡人提供跨行信息交换、清算数据处理、风险防范等银行卡基础服务，推动银行卡产业集约化、规模化发展，同时联合商业银行，创建银行卡的自主品牌。

3. 银联的服务

（1）基础服务。包括建设和运营银行卡跨行交易清算系统这一基础设施，推广统一的银行卡标准规范，提供高效的跨行信息交换、清算数据处理、风险防范等基础服务。

（2）银行服务。为各大商业银行提供集清算数据处理、技术支持、风险控制、数据分析、产品创新的综合服务方案。通过银行卡跨行交易清算系统，为国内商业银行提供跨行、跨地区、跨境的银行卡转接服务。

（3）商户服务。为商户提供多种多样的支付解决方案，帮助商户解决支付应用方面的实际问题，实现商业运行的高效和便捷。

（4）持卡人服务。建立形式多样的持卡人服务平台，满足持卡人多样

化的增值服务需求。

4. 银联的管理与服务体系

中国银联采用公司化运作，以推动银行卡专业化服务体系的可持续性发展。具体包括以下商业公司。

（1）银联商务有限公司。从事银行卡受理市场专业化服务的全国性集团公司，为发卡机构、特约商户和广大持卡人提供银行卡收单专业化服务。

（2）银联数据服务有限公司。为金融机构提供银行卡数据处理服务的专业化公司，集成和提供各类银行卡业务所需的解决方案、服务平台和网络基础设施。

（3）银联电子支付有限公司。是银行卡增值业务应用的专业支付公司，拥有面向全国的统一支付网关，从事以互联网等新兴渠道为基础的网上支付、网上跨行转账、网上基金交易、自助终端支付等银行卡网上支付及增值业务。

（4）银行卡检测中心。是银行卡产品及其受理终端机具的检测机构，拥有国家级检测中心资质以及符合国际标准的 EMV 检测实验室，对各种银行卡和机具进行技术质量检测。

（5）中金金融认证中心（英文简称 CFCA）。由中国人民银行和国家信息安全管理部门批准成立的互联网第三方安全认证机构，通过发放数字证书为网上银行、电子商务、电子政务提供安全认证服务。

这些商业公司通力合作，在共同的目标下密切联系，合作共享，推动了中国银联这些年的快速扩充和发展。

二、航空联盟

随着世界航空运输业的迅猛发展，特别是国际航运服务领域的拓宽，一些航空公司开始在业务服务、信息交流等各方面加强合作，组成航空联盟。航空联盟指数家航空公司为了实现网络互联、枢纽互通、客源互补、常客互助，达到扩大市场份额、巩固常客客源、增加收入的目的，在双方利益一致的基础上，选择在地区市场处于领导地位的盈利航空公司，共同协商，相互间建立战略合作伙伴关系，发挥协同效应❶。1997 年 5 月，汉莎、加航、美联航、泰航、斯堪的那维亚航共同发起成立了世界上第一个航空联盟。目前，世界上普遍流行航空联盟，最近几年也掀起了入盟浪潮。目前较为成功的航盟有：天合联盟、星空联盟、寰宇一家等。

1. 航空联盟的服务共享体系

我们以星空联盟为例，了解航空联盟的具体服务共享体系。

星空联盟（Star Alliance）成立于 1997 年，总部位于德国法兰克福，是世界上第一家全球性航空公司联盟。星空联盟英语名称和标志代表了最初成立时的五个成员：北欧航空（Scandinavian Airlines）、泰国国际航空（Thai Airways International）、加拿大航空（Air Canada）、汉莎航空（Lufthansa）以及美国联合航空（United Airlines）。联盟的主要合作内容是将航线网络、贵宾候机室、值机服务、票务及其他服务融为一体，无论客户位于世界何处，都可以提高其旅游体验。目前拥有 28 家正式成员，航线涵盖了 192 个国家以及 1330 个机场，包括中国国航等国内航空公司。

通过星空联盟成员的共同协调与安排，将提供旅客更多的班机选择、更理想的接转机时间、更简单化的订票手续及更妥善的地勤服务，符合资格的旅客可享用全球机场贵宾室及相互通用。

会员搭乘任一星空联盟成员的航班，皆可将累计里程数转换至任一成员航空的里程酬宾计划的账户内，进而成为该计划的尊贵级会员，金钻级会员可享受订位及机场后补机位优先确认权，优先办理机场报到、登机、通关及行李托运等手续，不仅如此，任一星空联盟的乘客只要是持全额、无限制条件的机票，如果在机场临时更改航班，不需要至原开票航空公司要求背书，便可直接改搭联盟其他成员的航班，另外星空联盟设计了以飞行里程数为计算基础的"星空联盟环球票"，票价经济实惠再加上联盟的

---

❶ 陈征. 航空联盟的收益共享模型研究 [D]. 北京：北京理工大学，2015.

密集航线网，提供旅客轻松实现环游的旅程。

　　星空联盟主要的合作方式包括扩大代码共享规模，常旅客计划的点数分享，航线分布网的串连与飞行时间表的协调，在各地机场的服务柜台与贵宾室共享，与共同执行形象提升活动。相对于航空公司之间的复杂合作方式，对于一般的搭机旅客来说，要使用星空联盟的服务则比较简单，只需申办成员航空公司提供的独立常旅客计划中的任何一个（重复申办不同公司的 FFP 并没有累加作用），就可以将搭乘不同航空公司班机的里程累积在同一个 FFP 里。除此之外，原本是跨公司的转机延远航段也被视为是同一家公司内部航线的衔接，因此在票价上有机会享有更多优惠。

　　星空联盟优惠包括常旅客计划、星空联盟金卡/银卡等级、贵宾休息室、获得里程数/积分、星空联盟奖励、星空联盟升级奖励、转机、同一屋檐计划（成员航空公司在同一航站楼运营）。星空联盟产品和服务还包括特惠套票和航空通票。星空联盟已于德国法兰克福机场设置共同票务柜台、于伦敦成立星空联盟市区票务中心，香港国际机场的星空联盟专用贵宾室及各成员尽可能将机场柜台安排在同一栋航站大楼，这些皆显示星空联盟尽心尽力提供旅客于购票、机场报到及登机时更多的便利，同时可减少成本，提高效率，以合作代替竞争。

　　星空联盟的乘客权益包括享受到超值通票和特惠机票，如环球票、环亚洲通票。享受通程登机一站式服务。航班不正常时，乘客可以享受最快时间的签转。乘客的行李发生错运、漏运后，可在第一时间找回。乘客搭乘联盟内任何一家航空公司的航班，都可积攒和兑换里程积分。星空联盟金卡会员享有优先办理登机手续权（享用专门的值机柜台办理登记手续）、优先机场候补权（如在到达机场前未做预订，可优先候补座位）、优先候补权（在航班预订已满时，享受优先候补座位权）、优先提取行李（可在联盟内优先提取行李）、增加托运行李额度（金卡会员可额外免费享受一件行李的托运）、航班时刻协调（星空联盟各成员航空公司通过协调航班进出港时间，降低旅客候机时间）、享受全球机场贵宾休息室等。

2. 航空联盟的主要价值体现

目前航空联盟的利益主要体现在商务方面，其价值体现在以下几个方面。

（1）优化枢纽网络结构，扩大网络覆盖能力，扩大旅客选择机会，创造更多收入，因为成员公司的网络可以互相支持，提供以远点客源，做强做大本地市场。

（2）实现与其他成员航空公司渠道共享，拓宽销售渠道，特别是国际销售渠道，能够以较低成本渗透到新的市场，进行产品整合，优化产品结构，丰富产品种类，推出更加完善、更有吸引力的常客产品。

（3）提升服务水平，改善服务质量。

（4）借助联盟，提高在陌生市场上的品牌认知度。

（5）通过航空联盟成员之间更加紧密的联营合作，实现风险共担，提高抗风险的能力。

（6）提升核心竞争力，提高应对低成本航空公司的能力。

3. 航空理解的主要服务共享领域

（1）常规合作：比例分摊、包舱包位、代码共享、渠道整合、航班整合。

（2）加深合作：销售网络、信息管理系统、常客、服务整合。

（3）深度合作：共同市场促销、共同产品设计、共同品牌推广等深度合作领域。

（4）信息共享：创建信息共享平台。包括服务注册管理、业务流程管理、监控管理等功能，通过上述功能接入航班信息发布平台、短信平台、市场销售分析等系统，并将这些系统中可复用的功能发布成统一航班动态查询、短信发送、客户主数据等共享服务，信息共享平台上线运行不仅在IT资产值上得到极大提升，而且打破了各自信息之间的壁垒，促进了联盟内各航空公司之间在广度和深度上的合作。

三、连锁酒店

连锁酒店也是服务行业重要和典型的服务共享体系，已经成为酒店行业的主流服务形态❶。

1. 连锁酒店的发展历程

20 世纪 50 年代，连锁酒店作为一种现代酒店经营模式出现在欧美各国，到 80 年代末期经济型连锁酒店已经成为欧美发达国家成熟的酒店业态，90 年代后，连锁酒店以其独有的规范化、高效化管理风靡至今。如世界最大的连锁酒店希尔顿，在全球 80 个国家及地区拥有 2900 间酒店。伴随着我国迅猛的经济建设浪潮，国内的连锁酒店如雨后春笋般出现，如锦江之星、莫泰等。透过它们骄人的业绩得出以下几点连锁经营的优势：一是拥有一个强大的信息共享系统，监测市场，规避风险；二是集约化的管理模式，最大限度降低经营成本；三是人员的集中培训与调配，保证服务的专业性与企业的稳定性。

2. 连锁酒店的经营模式

（1）直营店模式。经济型连锁酒店在进入一个区域时，往往采用标准连锁的直营店模式来塑造自己的形象，如锦江之星、如家快捷等经济型连锁酒店，最开始时均以直营店模式拓展市场，直营店模式最开始的投入较大，但却有利于统一的管理，服务质量高，还可以积累稳定的资产，有利于酒店企业的形象塑造和为扩充加盟做示范。

（2）特许经营模式。特许经营是指特许权拥有者授予特许权经营者一种获得许可的特权以从事经营的行为。经济型连锁酒店的规模扩张需要走低成本战略，特许经营模式对于酒店总部而言，只需将规范化的管理方式、经营技术及经营理念通过受让或转让给加盟者，就可以实现规模扩张。而对于加盟者而言，也只需支付一定的加盟费用，接受培训后就可直

---

❶ 刘斌. 中国经济型连锁酒店的发展战略研究——以如家、7 天和汉庭为例［D］. 广州：中山大学，2011.

接套用酒店成功的经验、技术和无形资产，降低投资风险。目前国内运作成熟的连锁酒店，特别是经济型酒店已经逐渐向特许经营模式转化。

（3）战略联盟模式。连锁酒店要改变规模小、市场竞争力不强的现状，需要集合两个或两个以上的酒店资源和优势，形成战略联盟经营模式。建立连锁酒店战略联盟更有助于了解市场形势、风险共担、资金、技术共享，有利于形成规模经济，降低运营成本。

（4）兼并收购模式。兼并收购模式是另一种酒店连锁经营模式，可以促进酒店发展，扩大经营规模，有效降低进入壁垒，并获得原有酒店企业的生产能力和各种资产、企业经验及市场份额。兼并收购模式主要适用于发展成熟、规模较大的连锁酒店，目前国内并不常见，如家快捷这样的品牌连锁酒店曾采用过这种经营和发展模式。

3. 连锁酒店的优势

（1）品牌效应。连锁酒店往往是在品牌酒店发展到一定的规模后，具有相当的市场份额后，逐渐在全国各大城市开设分店而形成。连锁酒店能够借助品牌的影响力与经验，降低投资和经营的风险，从而克服单体酒店单打独斗的经营弊端，既有利于降低风险，也有利于扩大品牌知名度。

（2）统一经营，降低成本。连锁酒店采取统一的采购系统、订房系统、批量采购，可以降低酒店的固定成本投入，具有一定的规模优势和资金优势，能够更好地控制成本，实现竞争优势，达到利润最大化目标。

（3）管理水平高。连锁酒店品牌具有专业的管理和经营团队，能够为加盟后的单体酒店营运打造坚实的运作保障，另外还可以通过连锁酒店建设信息、资源共享系统，各分营店之间可以共享客房数据库和客户信息档案，通过分析客户信息资源，全方位、多角度地了解客户需求，可以有效地稳定客源，提升酒店形象。

四、可供借鉴的图书馆服务共享经验

图书馆从诞生到现在，以服务社会阅读为天职，担负着保存历史记忆、传承社会文明的艰巨任务，服务对象自始至终都是社会大众。"同一个世界，同一个图书馆"，全世界图书馆联合起来，共同服务于人类大众。现代图书馆的管理和服务应向银行、航空、餐饮、宾馆、零售等传统服务行业学习并理解服务的真正内涵，构建起基于读者的知识服务联盟，以替代原来的以文献资源共享为核心的共享，也就是从文献资源共享发展为文献服务共享。图书馆的文献资源是有限的，文献服务却是无限的❶。

1. 图书馆服务共享联盟的理念

通过上述对于中国银联、航空和酒店联盟的阐述，图书馆可向传统服务行业的服务共享借鉴先进的理念，采用如下新思路：

（1）忽略对于成员机构内部业务的管理和影响，重视用户的共享需求，开展相关服务。

（2）通过相关数据标准和通用卡片介质，实现成员机构的所需业务的互联互通，保证用户在各个成员机构能够享受通行的服务。

（3）构建标准的管理和服务规范和流程，以保证联盟内个成员单位的服务质量控制。

（4）构建数据交换中心，实现对于用户的统一认证，和相关的成员机构之间的结算。

（5）商务化运作以保持可持续性发展。

笔者认为，图书馆共享体系的建设是分阶段发展的。如果说第一阶段是以文献资源共享为核心，那么随着共享文献目录、文献资源的建设达到一定规模，重点面向读者的共享服务就成为共享体系发展的第二阶段核心。借鉴各个服务行业的经验和解决方案，我们倡导在图书馆行业，也构建类似的管理与服务联合体，如可以命名为"中国图联"。在图书馆的以用户为核心的指导思想下，重点解决如何让读者享受联合体的成员馆提供的各种各样的文献服务。

---

❶ 杨新涯，彭晓东. 2.0 的图书馆 ［M］. 中山：中山大学出版社，2010.

中国图联可以是中国图书馆行业的文献服务共享联盟，依靠图书馆行业的文献资源背景和用户背景，制订图书馆服务标准、元数据标准和相关业务规范，建设全国读者认证中心和数据交换中心，实现公共数据交换基础上的读者和服务共享。对各个图书馆的文献服务进行统筹、引导和协调，最大限度地满足读者的各类文献需求。围绕图书馆群和读者群，建设网络知识服务社区，开展在线阅读、参考咨询、知识共享等服务，以此构建数字图书馆联合体，共同为读者服务。

2. 图书馆共享服务联盟的原则

图书馆的服务联盟应坚持"平等、统一、共享、参与"四原则。

（1）平等原则。包括读者平等和图书馆平等。读者平等是指图书馆的读者，不论职别，尽量平等，对待其他图书馆的读者，与对待本馆读者一样。图书馆平等是指图书馆不论大小，在统一的服务公约基础上，一律平等。

（2）统一原则。成员馆在服务规范方面，如办证的方法和流程、读者借阅流程、借书册数、借书时长、超期违约金、赔书标准、开放时间的约定等方面尽可能统一，相关的业务流程也应尽可能统一。为了实现高效的数据交换，现代化管理系统应尽可能实现统一。

（3）共享原则。倡导图书馆在知识产权允许的情况下，开展文献共享；构建读者社交网络，倡导读者共享自己的资源。

（4）参与原则。坚持以读者为核心的图书馆发展思路，图书馆积极参与联盟的文献服务和资源建设等工作，读者可以参与图书馆的资源建设、网络文献服务、参考咨询等工作。

3. 图书馆服务共享联盟的运行管理与服务原则

这样的共享联盟体制必须采用公司化运作的模式。除日常运行管理必要的管理委员会、专家委员会等常设机构外，应成立整个运行体系建设和发展必要的第三方运营服务公司。主要职能包括：一是向各个图书馆推销图书馆服务联盟的理念，为加入的图书馆提供现代化管理系统软件，在收取年软件服务费的前提下，提供售后支持与服务；二是给各个图书馆的读者发放可以实现馆际互借的类似银行的银联卡的"图联卡",并给图书馆联盟提供馆际互借的物流支持;三是在各个图书馆管理系统的基础上,构建统一的用户认证中心和数据交换中心,共享读者、书目信息等,并在此基础上构建、运营、发展全新的网络知识服务社区。

笔者认为,服务共享联盟只有坚持以下三项服务原则,方能够对读者产生足够的吸引力,这也是现代社会对图书馆发展的要求。

(1)终身服务。知识社会的几何级数的发展速度要求人类必须不断更新自己的知识,学校教育已经不能满足社会的需要,教育需要发展成为一个持续不断的进程,贯穿于人的一生。图书馆也将成为终身教育的重要组成部分,是终身学习的重要场所。信息化为读者的终身服务奠定了基础,使得终身服务这个理想变得不那么空洞,特别是以用户为核心的现在,图书馆必须为读者提供终身服务,这将成为图书馆服务联盟最吸引人的优势之一。

(2)广泛的社会服务。主要是针对高校图书馆。根据国家教育部新发布的《普通高等学校图书馆规程》,有条件的高校图书馆要向社会开放,发挥地区文献中心的作用,支持地方建设。已经有一些高校,如厦门大学图书馆率先这么做了,但是没有形成普遍性。向社会开放,应该是图书馆服务联盟对以读者为核心理念的阐释,尤其在高校图书馆,毕业的学生从性质上讲就是社会读者,如果不向社会服务,也就无法实现终身服务的承诺。终身服务和为社会服务是密不可分的。

(3)非营利的收费服务。在市场经济条件下,知识消费的观点已经深入人心,收取合理的信息服务费用,不存在什么法律和社会舆论的障碍,关键是哪些收费、哪些免费需要界定。实现非营利的收费,以提高服务共享联盟的服务水平,是相关收费服务的基本原则。如成员图书馆向第三方运营公司支付一定的经过核算的成本费用。

4. 图书馆服务共享联盟的可持续性发展

构建一个庞大的共享体系,且涉及的用户、参与的机构众多,其可持续性将是重点研究的内容。笔者认为，服务共享联盟可以因为以下三点，保持其可持续性。

（1）社会发展对于图书馆的必然要求。知识经济时代的来临，信息社会的高速发展，对图书馆的要求越来越高。图书馆要满足社会发展的需要，以原来基本上还是单打独斗的姿态，是远远不够的，势必形成合力来满足这个需求。这样做了也可以较容易地获得国家财政、社会舆论的支持。

（2）稳定的用户群。图书馆自身的共享需求，以及读者的知识需求，使得一个依靠整个行业的共享服务计划得以保障，比如，大学图书馆每年自动会增加新用户，而原有的用户则因为实施终身服务没有流失，使得计划的可持续性发展得到保证。

（3）非营利性收费，保证图书馆服务共享联盟的基本运行。为了保证共享联盟的正常运行，非营利性收费是必要的，可以尝试通过对社会读者服务、文献传递、网络广告、网络知识社区的电子商务、情报服务等方面获得非营利性收入。

这样一个拥有如此庞大、优质用户群的服务联盟体系的营利能力，应对其发展持乐观的态度。当然这样的庞大的共享体系计划，将会出现建设和发展中的诸多问题，单靠哪一个图书馆是不可能得到解决的，不排除纯商业化运作出现的可能性，毕竟这里有上千万的用户群体，而且是中国素质最高的一个用户群体。在更加遥远的图书馆理想中，如果构建成功这样的图联体系，形成全新的知识服务产业，那么以"知识搜索与服务"的概念，才有可能逐步在与百度、谷歌、雅虎等的"信息搜索"的竞争中占有一席之地。

第三节　从资源共享到服务共享

有学者说，资源共享的终极目标是"任何用户在任何时候、任何地点均可以获得任何图书馆的任何资源"；有学者说，数字图书馆的灵魂在于对用户行为习惯的把握❶；更有学者说，数字图书馆所要解决的问题是在网络世界中做好文献服务的同时，还要坚持图书馆的"人文精神"与"服务传统"❷；从资源共享到服务共享是图书馆共享理念的进步与发展，资源共享是服务共享的物质基础；服务共享是资源共享的未来发展趋向，更是资源共享所要达到的理想目标。

一、资源共享是服务共享的物质基础

目前文献资源共享是目前图书馆行业广泛实践着的共享模式，其基础是图书馆联合书目，以实现"共知"，在此基础上实现文献的馆际互借等，也就是"共享"。2000 年以来，我国信息资源共享体系的发展已经较为成熟，颇具规模。各级各类图书馆参与的文献共享体系，如中国高等教育文献保障体系 CALIS、国家科技图书文献中心 NSTL、江苏省高等教育文献保障体系 JALIS、广东图书馆文献资源共建共享等一批资源共享体系项目，建设了大量的专题特色数据库、联合目录数据库、学科导航数据库等，还有互联网的开放资源、读者共享的资源，都为服务共享提供了强大资源保障。随着现代化技术的发展，图书馆的基础设施和设备也在不断改进，高性能服务器、计算机、海量磁盘阵列等，全国纷纷建设了各类的资源共享平台，如吉林省高等教育优质教育教学资源共享服务平台、北京高校网络图书馆、天津市高校数字化图书馆等，实现了联合书目、数字资源检索下载、文献传递、馆际互借、参考咨询等服务，为服务共享的实践打好了坚实的基础；制度法规方面，2005 年 7 月 50 多所高校图书馆馆长在武汉联合签署发表的图书馆合作与信息共享武汉宣言（简称"武汉宣言"）❸，国

---

❶ 段梅，许欢，赵晖. 数字时代高校读者阅读现状及图书馆导读研究 [J]. 图书馆学研究，2010（24）：85－89.

❷ 范并思. 理论图书馆学视野中的数字图书馆研究 [J]. 中国图书馆学报，2002（01）：24－28.

❸ 程焕文，张靖. 公理的呼吁，正义的呐喊图书馆合作与信息资源共享武汉宣言的启示 [J]. 大学图书馆学报，2006，24（2）：13－15.

家发布的《普通高校图书馆规程（修订）》《中国图书馆馆员职业道德准则》《全国文献信资源共享倡议书》等有关文献制度等❶，为我国图书馆信息资源的网络合作与资源共享提供了依据。此外，随着网络技术❷、博弈论❸、HTTP 隧道技术❹、经济学原理❺等一系列技术的引入研究，资源共享也变得愈发成熟。资源共享在资源、设备、人才、技术等方面为服务共享打下了基础，也在制度、法规、标准、模式等方面为服务共享探明了道路。

二、服务共享是资源共享的未来发展趋向

1. 图书馆服务革新的需要

随着数字图书馆的发展，原有的建设和发展模式显然不能满足时代的需求，Google、Baidu 逐渐渗入图书馆的文献服务领域，在诸多方面使图书馆行业陷入尴尬的处境。图书馆正逐渐认识到整个行业需要真正的革新，图书馆 2.0 的理念应运而生。如果说图书馆 1.0 是文献的时代，那么图书馆 2.0 就是读者的时代，这与知识经济时代一样，谁拥有用户谁就拥有了全部，这是现代图书馆的核心价值观，图书馆应超越文献资源的关注点，而更加以读者的诉求为核心，因为"资源有限、服务无限！存取有限、获取无限！"各个图书馆构建基于读者的服务共享体系，替代原来的基于文献的资源共享，是图书馆事业取得发展的必由之路。

2. 资源共享的目标所决定

20 世纪 70 年代，美国图书馆学家肯特提出了"资源共享"的两个目

---

❶ 范洁. 中美图书馆馆际互借比较研究 [J]. 图书馆理论与实践，2002（2）：31 - 33.

❷ 龙敏. 基于网格技术的高校图书馆信息资源共享系统研究 [J]. 湖南大学学报（社会科学版），2009，23（2）：128 - 133.

❸ 陈亮. 图书馆信息资源共享的博弈分析 [J]. 情报理论与实践，2004，27（4）：615 - 618.

❹ 马路，王杰贞等. 网络智力与技术资源的共建共享——北京高校网络图书馆虚拟参考咨询系统项目建设 [J]. 大学图书馆学报，2004（4）：53 - 56.

❺ 李欣荣. 经济学视角下的图书馆资源共享的利益平衡分析 [J]. 商业时代，2008（15）：63 - 64.

标：一是在获得更多的资料和服务方面，对图书馆用户产生积极的效果；二是在用更少的花费提供同等水平的服务，用同等的花费提供更多的服务，或者用比过去更少的花费提供比现在更多的服务方面，对图书馆预算产生积极的效果。这两点分别强调了"服务"的多、好、优。显而易见，"资源共享"目标与服务不可分割。马费成等在《信息资源管理》中提到"资源共享的目的在于使每个组织和个人都能够在一定范围内最大限度地利用信息资源"❶，突出强调了"最大限度地利用信息资源"；程焕文教授在《信息资源共享》中提到"信息资源共享的最终目标是：任何用户（Any User）在任何时候（Anytime）、任何地点（Anywhere），均可以获得任何图书馆（Any Library）提供的任何信息资源（Any Information Resouce），这是一种梦寐以求的崇高理想"❷。可见，"资源共享"的发展始终是以"分享资源，提供更好服务"为其宗旨。如果说，20世纪的"资源共享"是文献、信息资源的共享，限于图书馆之间纸本文献的互惠互借、协调采购等，而21世纪的"资源共享"则是打破地域限制、超越时空约束，追求"泛在化"的资源大共享，注重用户的资源获取与利用，侧重于服务的共享。

3. SOA 技术支撑

数字时代，图书馆的核心竞争力已转移到文献信息资源服务与共享方面。在信息技术领域，面向服务的 SOA 体系结构（Service – Oriented Architecture）将应用程序的不同服务，通过这些服务之间定义好的接口和契约联系起来，而构成以用户需求为核心的服务体系。最近几年，图书馆领域基于 SOA 的服务共享的研究也已经崭露头角，如唐小新的《SOA 在高校图书馆采访系统中的应用探索》，周全明、吴延凤的《基于 SOA 的校际资源共享研究》，刘雪艳等的《基于 SOA 的电子化服务共享及实施》等学术论文，集中研究区域资源共享、数字资源整合、信息服务架构模式、信息共

---

❶ 马费成，李纲，查先进. 信息资源管理［M］. 武汉：武汉大学出版社，2001.
❷ 程焕文. 信息资源共享［M］. 北京：高等教育出版社，2004.

享平台等几个方面。从通俗的概念层面上说，SOA 技术最终使得系统中不同的服务变得"伸手可触"，这为图书馆为用户提供高效、快速、便捷的服务共享提供了强有力的支撑。

三、管理信息系统开始向服务型平台转型❶

图书馆服务的支撑是信息化建设，尤其是在当前互联网时代，这几年来，随着对服务的日益重视，图书馆信息化平台也开始发生转型，这为实现服务共享体系的平台建设奠定了基础。

图书馆是最早推进信息化的行业之一，随着文献资源数字化的逐步完善，开始在互联网和移动互联网的背景下探索文献服务升级和转型，这也就促使了图书馆管理信息系统必须由以"书"为核心的管理体系，转变为以"人"为核心的服务体系。与此同时，大数据、可穿戴移动设备、云计算、关联数据等新技术日益成熟和被读者接受，推动着图书馆的转型和对传统服务的颠覆，读者对图书馆的管理与服务要求不断提高，如数据分析、知识管理和流动、社交功能等，这也促使支撑管理和服务体系的图书馆管理信息系统必须尽快开展升级改造行动。

1. 图书馆管理信息系统的发展趋势

对于图书馆系统的发展趋势，有学者认为情景感知是下一代数字图书馆的核心概念，并从基于情景感知的数字图书馆系统构架分为情景信息层、情景感知环境层及情景感知服务层。从技术层面讲，下一代图书馆理应更好地适应图书馆的复合型资源发展和服务进程。国外对下一代图书馆自动化系统进行了开发应用，如 Alma、Sierra、Open Skies 等系统，但其同样面临着图书馆多变的服务需求，以及安全性、兼容性、标准化等技术方面的挑战。国内开展的未来图书馆研究主要集中在基于 RFID 技术、SoLo-Mo 技术的智慧图书馆研究、移动图书馆的智慧及数字图书馆、图书馆 2.0

❶ 杨新涯，袁辉，沈敏. 向服务平台转型的下一代图书馆管理系统实践研究［J］. 图书馆杂志，2015（9）：23－27.

与智慧图书馆的区别等方面，如借鉴最新互联网应用模式 SoLoMo 理念，构建智慧自助图书馆服务架构和移动应用框架，或者对可穿戴移动设备在图书馆中的应用前景进行了探讨，RFID 技术在高校图书馆中也开展了大量的研究和应用实践。2015 年 1 月，在日本国立国会图书馆举办的"面向数字文化资源的信息架构：欧洲数字图书馆（Europeana）与国立国会图书馆的检索"研讨会中的一个关键词之一是"平台化"，认为未来将面向借阅的目录门户发展为面向信息交流的开放平台，即将馆内馆外的各种资源融合为一体。吴建中先生也认为，构建平台化的图书馆系统，让知识流动起来，释放数据，同时让数据与其他数据关联起来，形成一个开放、关联的网络将成为发展的趋势。这些观点得到国内专家的认可，因此向服务"平台化"转型应成为下一代图书馆管理系统的发展趋势。

2. 新形势下图书馆管理系统存在的主要问题

（1）顶层设计与规划不充分。从国内图书馆行业的实践来看，对于图书馆管理系统的顶层设计与规划还不够充分。以大学图书馆为例，其在学校信息化的角色仍处于文献支撑的范畴，普遍游离于大学教学、科研的核心流程之外，也就很难纳入大学流程再造计划中。其一，图书馆没能有效纳入大学的学术评价体系中，对科研过程和科研管理缺乏直接的文献数据支持；其二，作为知识仓库的图书馆，未能有效地将文献服务和数据推送到人才培养的过程中；其三，面对层出不穷的新技术，如何纳入管理和服务体系中，缺乏有效的研发和推广机制。

（2）下一代管理系统的标准化体系不够完善。从图书馆自身信息化建设来看，存在缺乏业务流程的互操作标准体系、对图书馆的服务整合不够等问题，如果开展下一代管理信息系统建设，需完善相关的标准化体系。

（3）信息化的深度和广度不够。在深度方面，图书馆管理系统还没有形成基于数据分析的业务管理和文献服务机制，决策系统的使用较少。在广度方面，下一代管理系统应实现整合的全面信息管理，但目前还有很多业务没有通过信息化进行管理控制，主要是非读者服务部门的业务。

3. 下一代图书馆管理系统的基本特征

平台化转型是下一代图书馆的发展趋势，其基本特征主要体现在以下三个关键词中。

（1）平台化。系统架构是实现各种管理和服务的前提，下一代图书馆应紧密围绕"资源"和"服务"两个核心的整合进行平台化架构。资源平台和服务平台需要同时构建在移动互联网和互联网这两大基础平台上，广泛采用新技术满足和推动图书馆的资源建设与服务。例如，利用感知技术更好了解学术研究的需求，主动推送必要的学术信息；利用互联技术，将孤立的信息孤岛连接起来，拓宽学术研究的信息覆盖度；利用智能技术，对互联技术下的大数据进行分析、处理、建模、预测，为学术研究指明方向，并验证结果。

（2）整合。服务是图书馆的核心，资源是图书馆的基础。不论传统的图书馆服务和纸本文献资源，还是基于移动网络的图书馆新服务和数字化资源，这些都是下一代图书馆共同的核心与基础。将服务与资源高度整合，方可消除读者利用障碍。整合馆内外的各种资源，方可将图书馆变为知识信息的集散地。下一代图书馆的资源管理和服务管理在实际工作中是相辅相成、互相制约而不可分离的，它们的不断变化和发展推动了图书馆的发展。

（3）新技术。技术始终体现了它在图书馆发展历史中的重要性和基础性地位，下一代图书馆需要也必须采用更多的新技术对其服务和资源进行支持，除了提高工作效率和能力，也能促使读者更加关注图书馆服务。包括手机短信、邮件、微博、微信、社交网络、游戏式学习、3D 打印机、体感技术、二维码、信息交互终端、微电影，慕课（Mooc）等。在图书馆自身的服务中，合理的流程设计、决策分析、数据挖掘、知识发现等也需要新技术作为技术保障，可以说新技术是实现图书馆系统向平台化转型的根本保障。

4. 实证：重庆大学下一代图书馆管理系统的实践

下一代图书馆系统是图书馆建设和发展的基础，在信息时代，一个图

书馆的服务理念、管理和服务水平都能体现在图书馆系统建设中。重庆大学一直非常重视系统建设和发展，2007年10月率先启用图书馆2.0思想的系统，根据几年的运行和发展经验，认为下一代图书馆系统的核心是平台化，以整合的文献搜索为基础，利用大量的新技术，实现管理和服务的全面信息化。项目于2014年5月立项，计划通过3年完成研发和使用。

（1）软件体系架构的规划

软件体系系统架构采用四层架构，分别为用户层、服务与管理层、资源层、评价与分析层（数据服务层），如图4-1所示。用户层是用户和服务与管理层的应用接口，是下一代图书馆管理系统的系统入口。服务与管理层是用户层和数据层之间连接的桥梁，也是下一代图书馆管理系统的重要组成。资源层是下一代图书馆管理系统的文献数据仓库，为图书馆的资源服务提供了基础保障。评价与分析层是下一代图书馆管理系统的智能头脑，利用数据服务的理论和经验，帮助实现图书馆的智能决策。

①用户层。主要包括统一身份认证和用户管理系统，方便读者进入图书馆各个系统，免去多次登录的麻烦。将提供开放的统一认证模块，实现异构系统与平台的用户单点登录、统一安全控制与审计等功能，是实现业务整合、统一管理的关键。

②服务与管理层。服务与管理层实现图书馆的全面管理，致力于将图书馆的各类管理工作全面信息化，除了纸质图书的流转，还应包括图书馆管理的方方面面，如人力资源、资产与设备、文献服务等，并有合理的业务流程。同时为读者搭建知识社区，实现读者与图书馆的交互，读者之间的交互，提供各种相关应用系统，搭建完整的文献服务网络化平台，包括馆藏导读系统、公共门户系统、总服务台、我的书斋（SNS读者社区）、用户信息推送系统、电子资源管理系统、校友云服务中心等应用系统。

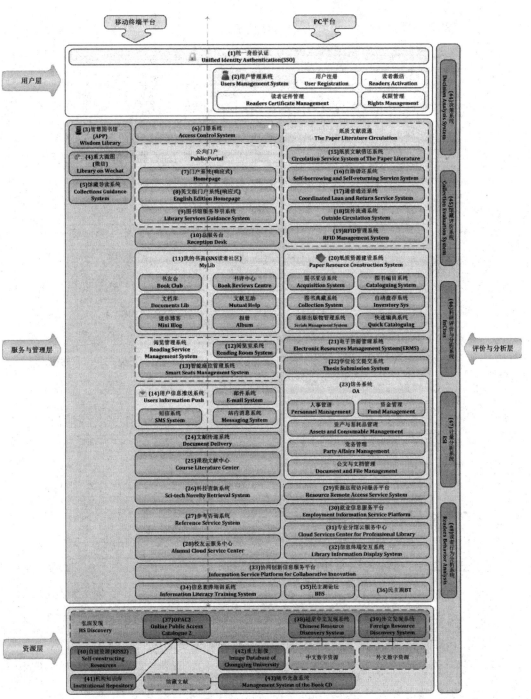

图4-1　下一代图书馆软件系统架构体系

③ 资源层。资源层是图书馆的文献资源中心，致力于整合图书馆的全部文献资源，包括新一代 OPAC、数字资源和自建资源等。OPAC 系统将升级为传统文献和数字化文献资源整合的搜索服务，并整合各类图书馆服务的全新搜索系统。具体包括知识发现系统、文献资源管理平台、机构知识库、重大影像和随书光盘系统 5 大系统平台。

④ 评价与分析层（数据服务层）。评价与分析层主要实现数据的挖掘与分析，主要包括决策系统、馆藏评价系统、科研评价与分析系统、计量分析系统和读者行为分析系统。数据服务有对外（读者）与对内（馆员）两个方向，有信息数据与业务数据两个维度，信息数据的对外是关联数据服务、读者信息行为分析等，如借阅账单、毕业季信息汇集等；对内是业务数据为核心，在数据仓库的基础上构建各种分析模型，评价图书馆的馆藏体系，分析读者的用户行为，支撑图书馆的服务决策和运行管理。

（2）移动互联网平台和 PC 平台

作为下一代图书馆管理系统的重要升级，就是不仅要支持 PC 终端访问，同时要很好地支持移动终端的访问，因此除了进一步完善 PC 平台的门户，将重点搭建移动互联网的服务平台，如 APP 平台、微信平台、响应式门户网站平台等。

（3）标准化的系统接口池

作为一个开放的平台化系统，会有大量的与其他应用系统之间的数据交换需求，为进一步规范接口的使用，提高数据交换效率，提出构建标准的接口池，使需要接入图书馆认证系统的、集成图书馆数据的外部系统，通过标准的、统一的、通用的接口获取数据，解决接口众多、功能重复、难以监控和管理的问题。前提是梳理图书馆现有的系统接口，整理最常用的接口列表，重新规划这些接口的类型、参数和返回值，关闭功能重复的接口，开发标准的、统一的、通用的接口，并提供完整的接口调用说明文档。

（4）重点发展的业务管理系统

为实现服务"平台化"的建设需求，系统将重点建设一些新业务系统，如构建虚拟化的一站式服务平台，为读者提供网络环境下的一站式服务办理；用户信息推送系统将利用数据分析，智能地提供包括邮件、短信和站内信三种方式的信息推送功能，变被动服务为主动服务；决策系统将通过对图书馆运行的相关数据进行有效分析，根据提取出的数据特征对运行情况进行有效地监控，细致地把握图书馆的应用需求，为管理决策提供有效支持；馆藏评价系统是对文献采集和入藏情况、馆藏满足读者需求情况及馆藏物理状态等进行调查研究并做出评价的过程，同时利用读者行为分析为读者提供个性化服务。

5. 问题与展望

（1）快速更迭的新技术与图书馆服务推广的矛盾

随着信息技术的爆炸式发展，新技术不断涌现，而图书馆的服务一般具有延展性、继承性和稳定性。技术的快速更迭和采用，对图书馆服务推广存在着冲击，使图书馆的服务在不断面临新技术带来革新的同时，又因为馆员素质、硬件结果、读者接受程度等使其服务推广受到制约。

（2）如何通过技术手段推动读者阅读

全民阅读是当前文化建设的重要举措，只有让阅读变得触手可及，才能更好地创造全民阅读的氛围和环境。下一代图书馆如何利用新技术，将阅读推送到读者面前，最大限度地降低读者阅读障碍，是图书馆转型过程中需要思考和解决的问题。

综上所述，通过下一代图书馆管理系统的平台化研究和建设，可以有效提升图书馆流程化管理和精细化管理水平，通过文献搜索或知识发现系统整合传统文献资源和数字资源，通过全面信息化系统拓展管理和服务能力，采用数据服务的方式实现各系统的智能化、个性化，将极大地方便读者，在提升图书馆系统开放性的同时，为图书馆服务共享搭建坚实的技术基础平台，也就有效提高了图书馆的服务水平和社会影响力。

第五章 图书馆服务共享案例

第一节 重庆市大学城"网上图书馆"[1]

"网上图书馆"是重庆市大学城资源共享平台的最重要应用之一,致力于整合重庆市高校图书馆的馆藏资源、数字文献资源及信息服务人力资源,通过现代信息技术的运用和管理体制的创新,积极推进重庆市高校文献资源的共建及各项信息服务的共享。网上图书馆在详细调研的基础上,构建了中心系统平台和部署于各个图书馆的专用现代数字图书馆管理系统,实现馆际互借、统一检索等资源共享。本章对网上图书馆的实施和运行管理进行了评述,对区域文献共享体系的建设具有实际参考价值。

一、项目建设的背景

大学城是近年来随着我国高等教育快速发展而兴起的一种集约办学模式,大学城图书馆建设是完善大学城信息服务的重要手段和措施[1~4]。2010年4月23日,重庆市大学城资源共享平台——网上图书馆项目通过了重庆市政府组织的专家组项目验收,作为大学城资源共享平台7个子项目之一的"网上图书馆"子项目,是整个项目中最重要的应用之一。笔者

---

❶ 杨新涯,彭晓东,袁辉. 重庆市大学城资源共享平台"网上图书馆"实践研究 [J]. 大学图书馆学报,2011(3):61-65.

作为甲方需求设计专家组成员，全程参与了项目为期一年半的建设工作，深感网上图书馆项目大大推动了重庆市高校图书馆文献资源共建共享工作，但其中的不足，也有待于在今后的建设中逐步改善。

重庆大学城位于沙坪坝区虎溪镇，是重庆市委、市政府建设长江上游教育中心和西部教育高地的重点工程之一，自 2005 年建设以来，大学城已入驻的高校有重庆大学、重庆医科大学、重庆师范大学、四川美术学院、重庆科技学院等 15 所高校，共有在校学生 12 万人。大学城入驻高校校园网已初具规模，网络互联互通的部分标准和规范已形成，高校教学、科研等数字资源已具有一定规模，为校际间互联互通、资源共享打下了良好基础[6~7]。重庆市计划通过重庆大学城资源共享网络平台的建设，能够减少各高校的重复投资和资源浪费，避免形成信息孤岛，缩小数字鸿沟，强化服务师生功能，促进教育公平和谐发展，扩展校园功能，提高教育质量和效率[8~10]。

重庆大学城资源共享网络平台于 2008 年 11 月正式启动，由重庆市教委信息与装备中心负责，惠普公司承建，建设经费 3300 万元，以身份认证数据库、知识数据库、基础设施资源数据库为基础构建 7 大系统：教学资源共享系统、科研资源共享系统、生活设施共享系统、网上图书馆、就业信息共享系统、网上社区系统和大学城门户系统。网上图书馆作为重要的资源系统，在项目建设过程中，扩展到整个重庆市高校范围，被寄予厚望[1]。

二、"网上图书馆"建设前的调研分析

在建设之初，在重庆市高校图工委的组织下，对重庆市高校图书馆进行了一次调研，根据调研的情况再进行需求的设计。

1. 调研的基本概况

（1）经费。根据重庆市 17 所高校的统计数据，各高校平均年文献资源建设费为 376.6 万元。其中用于数字资源建设费为 94.1 万元，硬

件建设经费为 57.6 万元。在总经费项中，各图书馆差异明显，年文献资源建设费最多的图书馆为 1600 万元，最少的图书馆为 7 万元。本科院校图书馆与这一情况基本一致，而高职院校图书馆则有较大的不同，用于数字资源建设和硬件建设的费用占总经费的比例分别为 7.21% 和 23.13%。

（2）图书馆馆藏。统计的高校图书馆平均馆藏为 2723572 册/件，其中印刷型资源 839019 册/件，非印刷型资源 270244 册/件，印刷型与非印刷型资源之比约为 3:1。各高校图书馆电子图书平均 844382 册，占平均总馆藏的 31%，但各馆之间差异特别明显。根据各图书馆数字资源对需求的满足程度调查，有 12% 的图书馆认为很好，认为较好的占 52%，有 24% 认为一般，认为较差的占 12%，没有认为很差的图书馆。针对"本馆资源建设费相对于师生需求"这一问题，没有图书馆认为满足，80% 的图书馆认为基本满足，20% 的图书馆认为还有较大差距。在馆际合作意愿方面，100% 的图书馆都希望共享校外其他数字资源，同时 100% 的图书馆都愿意参与建设大学城数字资源共享工程。

（3）人员。各高校图书馆平均有工作人员 59.5 人，信息咨询馆员平均 4.8 人，占全馆总人数的 8.07%；技术维护开发人员 4.1 名，占全馆总人数的 6.89%。

（4）网络与硬件。根据各图书馆给出的数据，所调查的各高校图书馆均有局域网络，且大多为 100/1000M 的主干带宽（仅三峡学院图书馆为10M），桌面带宽大多为 100M，局域网与校园网以及校园网与因特网的连接带宽也多为 100/1000M。局域网信息端口共计 4265 个，其中无线接口19 个。服务器 160 台，其中专用服务器 131 台；磁盘阵列 46 台/套，磁盘阵列容量 233.6TB。所有参与调查的共有计算机 4258 台，其中工作用机 766 台，检索及导航用机 428 台，电子阅览室用机 2942 台。调研认为除个别图书馆外，各馆之间的网络带宽基本持平，且具有较高的负载能力。

（5）图书馆集成管理系统。参与调查的 17 个高校图书馆均有图书馆集成管理系统，其中采用 ADLib 系统的图书馆 1 个，采用慧尔系统的图书馆 1 个，采用 Melinets 系统的图书馆 1 个，采用金盘图书馆集成管理系统的有 6 个，采用图腾图书馆集成管理系统的有 8 个。

（6）数字化服务与共享需求。各图书馆均有自己的互联网主页，年平均点击量为 856817 次，本科类院校图书馆平均点击量为 1048835 次，高职院校图书馆平均点击量为 24741 次。各图书馆平均虚拟咨询年接待量为 35024 人次，平均数字资源年检索量为 2553655 人次，平均数字资源年下载量为 1757318 人次/册次/篇次；向校内读者提供文献传递服务平均 866 册（篇）/年。这说明各高校图书馆之间有较大的共享合作空间。

2. 统计分析结果

从以上几个方面的调查统计分析，可以初步得出以下几点结论。

（1）数字资源建设经费占图书馆资源建设经费的比例偏小，平均值仅为 24.99%，且数字资源在总馆藏中所占的比重为 31%。而数字资源每年的平均检索量为 2553655 次、下载量为 1757318 次，远高于印刷型馆藏的年平均外借量（356566 册）。其所占的比例与其使用频率严重不匹配。也就是说，数字资源的建设不足。与之相对应的是，从对各高校图书馆的调查来看，各图书馆存在大量重复购买的情况。

（2）各图书馆均有自己的局域网络，并都通过校园网与因特网相连，带宽大多达到 100/1000M，个别图书馆实现的千兆到桌面，为通过网络向校园网内和校园网外的用户开展服务，但从调查来看，校园网内的服务比校园网外的服务更广泛。同时，已有 90% 的图书馆向其他图书馆提供共享服务，有 90% 的图书馆享受其他图书馆的资源共享。这都为各图书馆之间的资源共享与合作提供了可能。

（3）多数图书馆都建有自建数据库，这些数据库都是其在长期的教学和科研活动中形成的，具有本校学科特色，一定程度上能够代表该校科研

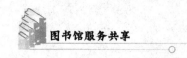

及馆藏水平。而其他图书馆由于此方面的需求较少而没有类似的资源,如果将这些数据库共享,将有助于各图书馆之间的资源互补和提高这些特色数据库的利用价值。

(4) 从调查来看,100% 的图书馆都希望共享校外其他数字资源,同时 100% 的图书馆都愿意参与建设数字资源共享工程。如此统一的思想认识为馆际合作与共享提供了很好的思想保证。

三、"网上图书馆"的基本架构

1. 建设目标及建设内容

在上述调研的基础上,经过充分论证,项目计划"网上图书馆"遵循公益性、开放性和服务性原则,充分整合重庆市高校图书馆的馆藏资源、数字文献资源及信息服务人力资源,通过现代信息技术的运用和管理体制的创新,积极推进文献资源的共建及各项信息服务的共享,提升重庆市教育信息化资源水平,为重庆市实现建设西部教育高地的目标奠定坚实的信息基础,为重庆市的科学研究、技术创新、人才培养、社会发展等提供知识信息支持以及高水平的文献服务。

2. 系统整体设计方案

在本项目中,需要专家组结合高校图书馆信息化、数字化的应用经验与重庆市文献保障体系建设的具体情况,采用图书馆 2.0 和分布式作业的理念来建设整个共享系统。系统主要由两部分组成:一是中心系统,二是现代数字图书馆系统。中心系统是本次应用建设的核心部分,也是系统功能得以实现的基础,同时通过该中心系统对外提供共享服务。现代数字图书馆系统是运行于各加盟图书馆的自动化、数字化业务系统,并与中心系统交互业务与共享信息。

3. 总体系统架构

网上图书馆的系统总体架构见图 5 - 1。

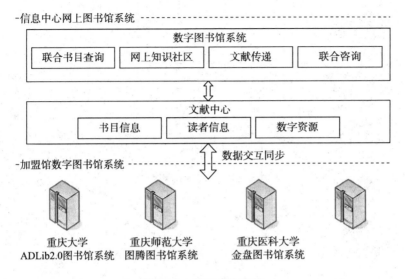

图 5 -1　系统总体架构

四、"网上图书馆" 中心系统的设计与实施

中心系统是整个"网上图书馆"系统的"数据中心"与"应用中心"，部署在位于重庆师范大学的大学城信息中心，中心系统数据中最核心的是读者信息与联合书目信息，其中读者信息保存在整个保障体系的身份认证系统中，包括参与馆际互借各个图书馆的用户账号。书目信息保存各加盟图书馆的书籍文献索引，采用标准的 MARC 格式，通过这些整合的基础数据向读者提供各种文献共享服务。中心系统的架构设计见图 5 -2。

中心系统的主要功能有以下几种。

（1）统一身份认证：对读者信息实行统一管理，统一规划下实现借书证"一卡通"。让读者可以通过登录系统，访问其他任务联盟中共享出来的资源。

（2）馆际互借：在统一规划下实现借书证"一卡通"。实现市内"网上预约、通借通还、送书到馆、资源共享"的服务模式。不同地域的用户或在不同图书馆注册的用户，可在整个保障体系中的图书馆就近借阅。

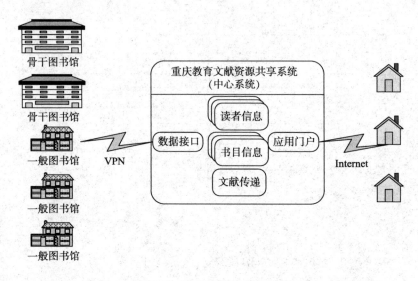

图 5-2　中心系统的架构设计

（3）文献传递服务：通过复印、电传、邮寄等方式实现对纸型文献的介质传递服务，通过 E-mail 和建立文献传递专用服务器等方式实现数字化资源的网络传递服务。读者通过中心系统的门户网站，查询感兴趣的资源文献，并预订传递服务。

（4）联合参考咨询：由各馆推荐咨询馆员组成区域性联合咨询馆员，通过电话、E-mail、面谈以及在线咨询等形式，重点面向重庆市教育系统内的读者提供联合参考咨询服务，逐渐建立起 FAQ 专家知识库。

（5）资源联合采购：统筹规划图书馆的建设，协调各方面的资源，进行联合采购，降低成本，避免重复购买。

（6）联合开展主题活动：开展主题书展、书评、新书通报、阅读辅导等读者阅读主题活动，开展学者讲座、文献利用培训、影视评介、书画展览等文化主题活动。

（7）开展各成员馆间文献资源的调剂工作：各成员馆本着互惠互利、各取所需的原则，建立统一的馆藏文献调剂数字中心，发挥更大的馆藏效用。

五、现代数字图书馆系统

根据国内文献资源共享体系的建设经验，如天津、江苏，均是以统一的图书馆管理平台为基础，拓展文献资源共享的各种功能。按照这个理念，需求设计专家组提出重庆市高校图书馆采用统一的管理平台，并最终确定将已经有两年多应用经验，且在国内具有一定影响的、具有 WEB2.0 理念的重庆大学图书馆 2.0 管理和服务系统，作为整个平台的现代数字图书馆系统，并根据大学城网上图书馆的要求，建设以"馆际互借，资源共享"为核心，基于馆员和读者的新一代图书管理平台。它不仅能够满足图书馆现代化管理的新需求，而且能够更好地为读者提供知识服务，提供文献资源的服务，让读者能更好地发挥主观能动性，共同参与到图书馆这个信息平台的建设中来。

通过该平台向读者提供馆际互借、文献传递、联合书目查询、虚拟参考咨询、数字资源统一检索等信息服务，同时，向馆员提供联合采访、联合编目、联合虚拟参考咨询等服务。具有图书馆 2.0 理念的数字图书馆系统部署应用于各骨干高校图书馆之中，并根据各馆的实际情况，如规模大小、应用重点等，灵活配置版本功能。

1. 基于馆员的业务系统

系统将体现现代图书馆的管理思路，整合除传统图书馆业务工作之外的其他图书馆工作：数字资源采购、数字资源管理、资金运行管理、资产管理、公文系统、人事管理等。这些系统都是针对馆情，以便于图书馆开展各项管理工作，符合图书馆管理的实际情况，提高综合管理水平。由于基于网上图书馆的背景，平台重新设计了联合采访和联合编目的业务子系统。联合采访通过建立联合书目，各图书馆可及时查询图书在重庆市高校的分布状况，可指导各馆制定采访策略，并开展联合采访业务。联合编目则采取集中建库模式，采用统一标准规范，遵守国际标准、国内标准和 CALIS 联合目录数据库项目组制定的规范条例，建立地区联合目录数据库

建设，并在此基础上，开展联合编目，实现检索、套录编目、原始编目、编制规范记录、加载馆藏和下载书目记录等功能。

联采联编的基本流程如下：图书馆工作人员进行图书采购前，根据自己输入的查询条件进行查重；系统根据馆员输入的条件在中心书目库中进行查重；查重返回大学城内各图书馆已购买本书的情况及其他学校已有的本书的采访信息；馆员可以直接利用此采访信息进行图书采访。馆员在编目图书时会生成相应的书目信息，此书目信息首先进入本图书馆的管理系统中，然后同步到"中心书目库"中；这样，其他学校的馆员在进行图书采访或者编目时可以直接套录（复制利用）"中心书目库"中的书目信息。从而实现大学城内各图书馆之间书目信息的共享；共建的书目信息库（中心书目库）将成为大学城内一个公用的类似于 CALIS 的信息共享中心，极大地减少了各馆员的工作量，提高了工作效率。

2. 基于读者的知识服务门户

读者通过此系统不仅可以实现日常的图书预约、续借、新书推荐、WebOPAC等各项功能，同时读者还可以建立自己的个性化知识门户等内容。通过此系统，读者之间、馆员之间可以进行交流，实现资源共享等。基于读者的知识服务门户系统是一个开放式平台，便于进行功能扩展，随时根据网络技术的发展提供新的知识服务。

3. 手机图书馆

手机图书馆是图书馆服务的延伸，在提高图书馆数字化的同时，对数字图书馆进行了功能和结构上的创新、优化。读者能够通过手机短信和WAP方式访问现代数字图书馆系统，实现图书馆查询、借阅图书等常用功能，更贴近用户的使用习惯，使数字图书馆的可用性、便捷性得到了很大的提高。与数字图书馆紧密结合，更加凸现数字信息时代信息的及时性、有效性，是图书馆与读者互动的一种新途径，也是图书馆扩大外延服务的新尝试。

六、建设效果与不足

为了保证项目的顺利建设和实施，在重庆市教委的组织下，成立了"网上图书馆"工作组，成员为各个参与高校的主管馆长，定期召开会议协调建设过程中的具体事宜。自 2008 年 11 月启动后，历经调研、需求设计、需求论证、代码开发、试运行，于 2009 年 10 月系统建设完毕。之后举办过 3 次用户培训，完成系统的功能测试和压力测试，2010 年 1 月，网上图书馆通过验收。2010 年 4 月，大学城资源共享平台整体验收通过。

目前已经有近 10 所高校图书馆完成新的现代数字图书馆系统的数据迁移和整体切换，实时与网上图书馆的中心系统进行数据交换，包括重庆大学、西南政法大学、后勤工程学院、重庆师范大学、长江师范学院、第三军医大学、四川美术学院等高校的图书馆。其他图书馆采用定期上传馆藏信息的方式提交数据。对于高职高专图书馆，计划下一步建设中采用 SaaS 云服务方式，远程使用信息中心集中部署的业务系统，不需要自己购置软件和硬件平台。采用元数据收割方式的整合检索系统、电子资源统一采购，也已经纳入重庆市教委的最新规划中。

不足之处只有一个，管理机制仍需要进一步理顺。在本期的建设中，重庆市教委信息与装备中心是甲方，惠普公司是乙方，作为应用方的高校图书馆则没有相应的职责，亦不承担必要的责任，因此大大增加了协调的成本，高校图书馆的积极性没有充分调动起来。随着网上图书馆的运行管理任务日益繁重，各方已经意识到这个问题，借助 CALIS 三期建设的契机，决定将大学城网上图书馆和 CALIS 三期建设进行适当整合，并交由重庆市高校图书情报工作委员会进行协调和管理。

从大学城网上图书馆起步的重庆市高校文献共享体系，构建于统一的数字图书馆管理平台，有效消除信息鸿沟，其未来的发展具有可持续性。

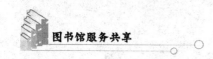

第二节　与 CALIS 云服务进行系统和服务整合实践❶

　　根据 CALIS 三期建设目标，结合云计算、SaaS、Web 2.0、SOA 等技术，对 CALIS 的共享域与重庆大学图书馆系统整合进行了实践研究，实现了 CALIS 中心、CALIS 省中心共享域和图书馆系统之间的单点登录、资源交互、统一身份认证等功能，提高了 CALIS 共享域各个平台的利用率。实践表明，CALIS 共享域与各个图书馆的高度、无缝整合具有可行性，是 CALIS 建设和发展的方向，为 CALIS 三期项目的建设和大规模实施奠定了良好的基础。

　　CALIS 自 1998 年正式启动以来，已初步建成了分布式中国高等教育数字图书馆系统[1]，目前已进入第三期的发展阶段。CALIS 的三期建设是基于云计算、Web 2.0、SOA、社会网络 SNS/OpenSocial、知识网络等核心技术，面向高校馆开展数据/知识服务、软件租用服务（SaaS）、接口服务（OpenAPI）、业务/业务支撑服务以及技术支持服务、培训服务。其建设目标是为成员馆提供标准化、低成本、自适应、可扩展的数字图书馆统一服务和集成平台，这些馆通过彼此互联，构成全国高校数字图书馆三级共建和共享服务，以及多馆服务协作的联合体系，共同为高校师生提供全方位的文献服务、咨询服务、电子商务和个性化服务[2]。

　　如何提高 CALIS 各个应用系统在成员馆中的广度和深度，一直是 CALIS 中心与成员馆双方面临的难题。在大多数应用实践中，CALIS 提供的各种系统作为单独的应用，湮没在高校图书馆众多系统之中，其使用效率具有很大的提升潜力。因此，CALIS 三期致力于软件租用服务、接口服务等，并重新设计了单点登录模块，就是希望实现与成员馆管理系统之间的深度整合。重庆大学图书馆自 2006 年开始，自行研发了具有图书馆 2.0 理念的图书馆系统，以用户为核心全新设计了 B/S 的系统架构，构建了以馆员为主

　　❶ 杨新涯，王文清，等. CALIS 三期共享域与图书馆系统整合的实践研究 ［J］. 大学图书馆学报，2012（1）：5－8。

导的图书馆全面管理系统 ADLIB2.0、以读者为主导的 SNS 知识服务社区和图书馆知识搜索 LKS 三大系统，突现服务的个性化和管理的人性化[3]。

CALIS 系统与重庆大学图书馆系统均属于自主研发，对于信息技术的掌控较深，因此具备了深度整合的基础，双方自 2010 年 6 月起，就需求设计、接口调试、安全控制进行了实践，9 月通过多次联调后，实现初步的整合。从系统整合的效果看，大大提升了图书馆的文献共享水平，具有进一步推广应用的价值。

一、CALIS 三期共享域与成员馆集成模式

CALIS 共享域是指按区域、学科或共同兴趣组成的图书馆联盟，彼此协作，共享资源、服务。它有以下两种类型。

（1）实体共享域：是指部署云平台的共享域，为成员馆提供各种云服务，如 SaaS 等。

（2）虚拟共享域：是无需部署云平台的共享。图书馆按学科或服务组成联盟，在服务和数据层面实现共享。

各成员馆与共享域的关系如图 5-3 所示：

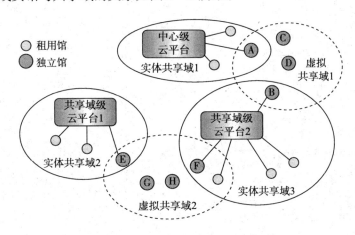

图 5-3　各成员馆与共享域的关系

1. 主要服务功能

CALIS 为各省中心、园区中心或其他共享域中心提供的软件租用服务包括统一认证系统、馆际互借系统、参考咨询系统、特色数据库系统、学位论文系统、教学参考系统等。利用云计算技术构建的图书馆本地系统共享平台，包括传统图书馆自动化系统和数字图书馆系统的功能，各高校图书馆可以免费租用 CALIS 各级云服务来实现本馆服务与云服务的整合，利用该共享系统平台形成完整的图书馆服务。无需购买和建立本地系统，也不必进行系统维护，就能获得全局性的整合服务和规模效应，不仅实现了最大程度的资源共享，也能更专注于业务管理和信息服务。

2. 系统部署和集成模式

目前，CALIS 对于高校图书馆的系统部署和集成模式主要有以下 4 种（见表 5 –1）：

表 5 –1　CALIS 针对高校图书馆的系统部署和集成模式

模式	示例馆	支持从本馆统一认证	共享域统一认证租用版	CALIS 统一认证中心	馆际互借系统集成
纯本地模式（无认证集成）	天津医科大学	—	—	—	√ 原本地版 （不支持本馆认证）
纯租用模式	山东旅学院、云南师范大学	—	√ （有用户）	√ （与租用版认证集成）	√ 租用版
纯本地模式（支持认证集成）	北京大学	（支持联合认证）	—	√ （与本馆认证集成 SSO）	√ 原本地版 （支持本馆认证）
本地 + 租用模式（支持认证集成）	重庆大学	（支持联合认证）	√ （中介，无用户）	√ （与本馆认证集成）	√ 租用版

（1）模式 1：纯本地模式（无认证集成）。基于这种服务模式下的图

书馆也就是原本地版，且不支持共享域中的本馆认证，仅维持其现有服务形态。

（2）模式2：纯租用模式。基于这种服务模式下的图书馆没有属于其自身的本地系统，所有资源全部在共享域平台中进行租用，最大程度上实现了资源的共享，但也就无法从本馆进行统一认证登录。

（3）模式3：纯本地模式（支持认证集成）。基于这种服务模式下的图书馆，虽然所有的系统和硬件软件都由其自己负责建立和维护，但因其与CALIS共享域平台做了对接，故可从本馆/CALIS统一认证中心两种不同的方式登录平台，其馆际互借系统虽然是原本地版但支持本馆认证，基本上实现了最大程度的资源共享。

（4）模式4：本地＋租用模式（支持认证集成）。基于这种服务模式下的图书馆将本馆的统一认证和CALIS统一认证做了集成，可选择从本馆/CALIS统一认证中心两种不同的方式登录平台，其共享域统一认证和馆际互借系统是租用的。其中，对共享域统一认证的租用是作为中介而存在的。

二、重庆市共享域与重庆大学图书馆的系统整合实践

重庆市省级文献信息服务中心结合CALIS三期建设目标与已有的建设成果，在重庆市大学城资源共享平台网上图书馆的基础上，建立或完善重庆市文献信息保障系统，力求将CALIS重庆市省中心建设成为面向重庆市各级各类高校图书馆和读者的资源整合中心、信息服务中心、技术支持中心以及宣传培训中心，并将CALIS各项信息服务推广到重庆市15所本科院校和部分高职学院。

重庆市省级文献信息服务中心在于2010年7月初确定了重庆市共享域和重庆大学图书馆的集成方案，9月初完成重庆市共享域平台的安装和调试。目前，重庆大学、重庆师范大学、重庆科技学院、重庆工商大学、重庆交通学院已经加入到共享域中，且陆续开通UAS、ILL租用服务。为了

便于与 CALIS 的其他应用系统进行对接，以及各个应用系统在重庆市其他高校图书馆的推广应用，重庆市省级文献信息服务中心的系统总体框架采用 CALIS 系统建设的总体架构。该系统共分为 6 层：基础设施层、数据资源服务层、公共基础服务层、业务逻辑服务层、用户界面与终端层。通过数字图书馆技术标准与规范、系统运行维护体系、系统安全管理系统来实现对于读者的各类型文献共享服务。

各个业务子系统也统一安装部署在重庆市省级文献信息服务中心，各个成员馆主要通过云计算方式使用省中心共享域的各种 CALIS 文献服务。CALIS 共享域中心的应用系统软件由共享平台管理、馆际互借与文献传递系统等 7 个部分组成，它们的系统功能分别如下所述。

（1）共享平台管理：共享域中心对各个租用馆管理；为各租用馆提供本馆所租用的其他系统之间的统一的用户身份认证、统一的用户管理和单点登录服务，能与本馆的本地统一认证系统实现联合认证，能与 CALIS 全国认证中心系统集成，实现联合认证。

（2）馆际互借与文献传递系统：馆际互借与文献传递服务（ILL 读者网关子系统、馆际互借事务处理子系统）；各个租用馆之间以及租用馆与其他图书馆之间都能彼此进行馆际互借与文献传递业务，实现馆馆结算、馆与读者结算。

（3）虚拟参考咨询系统：参考咨询服务（实时咨询、非实时咨询、知识库查询，知识库编目和管理、咨询员管理、专家管理等）能与 CALIS 参考咨询服务中心系统集成，能与 CALIS 数据交换平台实现知识库数据的交换和共享。

（4）通用特色数据库管理系统：各类资源的特色资源编目、管理，支持 14 种元数据类型（图书、古籍、图片、音频、视频、家谱、期刊等），新数据类型的添加、扩展，数据上传、管理和发布，与 CALIS 特色库服务中心系统集成，CALIS 数据交换平台数据交换、共享。

（5）教学参考信息管理系统：提供本馆相关的教学信息和教参书的编

目和管理，支持教参书与本馆 OPAC 和电子书的关联，与 CALIS 教参服务中心数据库系统集成，与 CALIS 数据交换平台实现数据交换和共享。

（6）网络资源导航管理系统：提供网络资源的采集、过滤、分类及自动分类，对网络资源进行编目、管理和服务，与 CALIS 网络资源导航服务中心系统集成，与 CALIS 数据交换平台实现数据交换和共享。

（7）学位论文信息提交和管理系统：提供面向本校的学位论文的提交、审核、编目和管理，具有 SaaS 管理和服务功能，与 CALIS 学位论文服务中心系统集成，与 CALIS 数据交换平台实现数据交换和共享。

三、重庆大学图书馆系统改造

重庆大学图书馆于 2007 年 10 月 8 日正式启用了基于面向服务的系统架构的图书馆系统，整体采用 B/S 运行模式。重庆大学现代图书馆管理系统（ADLIB2）以用户（读者和馆员）为核心，包含了基于馆员的图书馆管理系统、基于读者的知识服务系统和图书馆知识搜索，系统采用 J2EE、FLEX、AJAX 等新技术构建[4]。为了更好地让 ALIB2 系统和 CALIS 共享域进行整合，重庆大学图书馆对本馆 Lib2.0 系统进行了改造，包括统一认证系统、知识服务系统 LKS、SNS 系统、门户页面及编目系统，如图 5－4 所示。

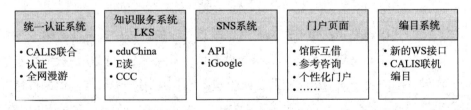

图 5－4 重庆大学图书馆的改造

重庆大学图书馆对本馆系统的改造包括以下几个方面。

（1）统一认证系统：支持 CALIS 联合认证，实现读者在重庆大学馆、重庆市共享域、CALIS 中心的全网漫游。

（2）知识服务系统 LKS：与 CALIS 的 eduChina/E 读和 CCC 进行集成，以实现 eduChina 的一键搜索。

（3）SNS 系统：开发 API 和 iGoogle 小应用，与 CALIS 个性化门户系统（iGoogle Server）进行集成，以实现 CALIS 个性化门户（iGoogle）与重庆大学图书馆"我的书斋"SNS、知识检索平台 LKS、集成管理系统 AD-lib2.0 之间的无缝集成。

（4）门户页面：在主页上增加相关的菜单和链接，如馆际互借、参考咨询、个性化门户、外文期刊网等，并支持 CALIS 的联合认证。

（5）编目系统：基于新的 WS 接口将重庆大学图书馆的编目系统与CALIS 联机编目系统进行集成，以便上传和下载 MARC 数据，实现整个共享域平台内成员馆的联合编目。

四、服务系统整合实践

随着重庆市共享域平台安装调试工作的结束及重庆大学图书馆系统改造工作的完成，2010 年 9 月，重庆市省中心共享域与重庆大学图书馆 AD-LIB2 系统进行了整合。事实证明，整合以后的主页平台运行稳定、使用效果良好，受到了读者的普遍欢迎，在真正意义上实现了文献共享、数据共享、知识共享、设备共享、软件共享以及人力共享。

1. 整合模式

在 CALIS 三期重庆市省级文献信息服务中心的建设中，其业务模式主要以 CALIS 中心提供的各项文献服务为核心，重点将各个应用系统纳入重庆市省中心的业务流程中，在此基础上进行推广应用，实现与其他成员馆的协作。重庆大学在与 CALIS 三期重庆市省中心共享域做系统整合的时候是采用的模式 4（本地 + 租用模式），支持联合认证。

整合模式如图 5 – 5 所示。

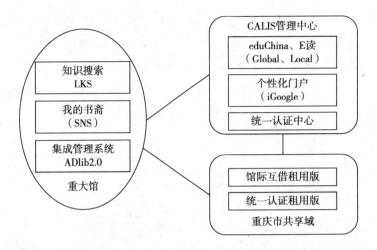

图5-5 重庆大学的集成模式

具体来说，就是把本地服务器上重庆大学图书馆的"我的书斋"SNS、知识检索平台 LKS、集成管理系统 ADlib2.0 与在共享域平台中所租用的重庆市共享域的馆际互借、统一认证和 CALIS 管理中心的 eduChina、E 读（Global、Local）、个性化门户（iGoogle）、统一认证中心整合在一起。

2. 数据集成

数据集成是为了实现读者在重庆大学图书馆与 CALIS 中心之间的双向访问和互动，主要工作在以下 3 个方面展开：①将重庆大学图书馆的 MARC 数据和电子书目次上传到 CALIS 的系统共享平台，以实现 eduChina 的一键搜索；②将本馆的动态馆藏接口与 CALIS 共享域平台对接，以即时揭示本馆的馆藏书目在架状态；③开通了在 eduChina、CCC 中的 Local 服务，使共享域中的其他用户能在 CALIS 中心检索本馆、本市的文献及馆藏信息。

3. 访问流程

重庆市省级文献信息服务中心与重庆大学图书馆的系统整合后，读者进行数据访问的流程有以下两种：一是读者先访问 eduChina，再进入重庆大学图书馆门户。若需要用户登录的话，则引导读者到重庆大学图书馆登录，成功后自动返回 eduChina 并处于已登录状态；已登录用户进入重庆大学图书馆（门户、OPAC），仍处于已登录状态。具体流程如图 5-6 所示。二是读者先访问重庆大学图书馆门户，再进入 eduChina、重庆市共享域中的 ILL 租用版。若在重庆大学图书馆已登录，进入 eduChina 时则自动处于已登录状态，并可正式进入 ILL 租用版。具体流程如图 5-6 和图 5-7 所示。

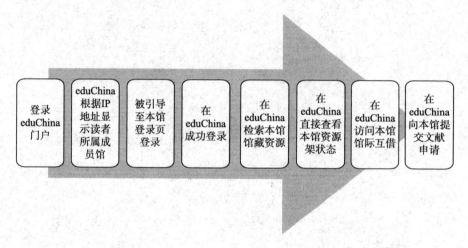

图 5-6　读者先访问 eduChina，再进入重庆大学图书馆门户

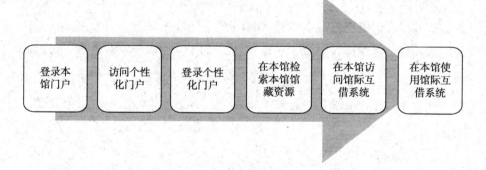

图 5-7　读者先访问重庆大学图书馆门户，再进入 eduChina、重庆市共享域中的 ILL 租用版

4. 开放的 iGoogle 组件研发

重庆大学图书馆在与重庆市省中心共享域整合的同时，还开发了18个 iGoogle 插件，以实现 CALIS 个性化门户（iGoogle）与重庆大学图书馆主页系统的集成。

其中11个不需要身份认证的 iGoogle 插件是：通知公告、最新书评、最新微博、最新相片、最新求助、热门期刊、热门电子书、最热数字资源、文献检索、借阅排行、FAQ 常用问题。9个需要身份认证的 iGoogle 插件是：我回复的问题、最新解决问题、我已借图书、我预约图书、我的推荐列表、电子订单推荐、我的账号、我的藏书架、馆员咨询。

重庆大学图书馆在改造本馆 ADLIB2 系统的基础上，与 CALIS 三期重庆市省中心共享域系统进行了整合，实现了 CALIS 省中心共享域和图书馆系统之间的单点登录、资源交互、统一身份认证等功能。重庆大学图书馆将以 CALIS 三期项目建设为契机，着力于建设重庆市大学城"网上图书馆"，继续完善应用系统改进和集成，采编流程与 CALIS 联机编目中心整合等工作，实现各个成员馆与 CALIS 的无缝集成，提高重庆市文献信息共享率，同时也促进 CALIS 三期项目建设的进一步发展。

参考文献

[1] 郑惠伶. 高校图书馆馆际互借与著作权问题研究 [D]. 北京：中国人民大学，2006.

[2] 朱学军. 关于国内外馆际互借业务发展的对比研究 [J]. 河北科技图苑，2007 (2)：25-28.

[3] 唐晶. 合作共享发展：图书馆文献提供服务 [M]. 北京：北京图书馆出版社，2009.

[4] 肖希明. 文献资源共享理论与实践研究 [J]. 南宁：广西教育出版社，1997.

[5] 谢新洲. 商业经济信息处理和检索 [M]. 北京：书目文献出版社，1994.

[6] 王爽. 网络环境下高校图书馆资源共享研究 [D]. 长春：吉林大学，2012.

[7] 沈丽云. 日本图书馆概论 [M]. 上海：上海科学技术文献出版社，2010.

[8] 姚晓霞，朱强. 日本、韩国等国高等教育文献信息资源共享概况 [J]. 中国教育网络，2014 (2)：101-104.

[9] 吴（禾余）年. 清末新政与中国近代公共图书馆运动 [J]. 图书馆理论与实践，2008 (1)：112-114.

[10] 程焕文. 晚清图书馆学术思想史 [M]. 北京：北京图书馆出版社，2004：241.

[11] 徐寿芝. 民国时期公私藏书的变化与利用 [J]. 图书与情报，2009 (2)：141-144.

[12] 程焕文. 中华民国时期图书馆学术史序说 [J]. 中山大学学报，1988：91-98.

[13] 程焕文. 民国时期图书馆事业的发展与评价 [J]. 图书情报知识，1986 (3)：36-38.

[14] 毛赣鸣，李黛君. 中国图书馆法制史与法权述要 [J]. 图书与情报，2011 (3)：

1 – 5.

[15] 王晓军. 略论民国时期图书馆际互借 [J]. 大学图书馆学报, 2011 (5):
109 – 117.

[16] 王世伟. 新中国图书馆服务理念与实践 60 年 [EB/OL]. [2014 – 03 – 01]. http://
www. 360doc. com/content/12/0221/01/4310958_ 188224821. shtml

[17] 黄长著, 霍国庆. 我国信息资源共享的战略分析 [J]. 中国图书馆学报, 2000
(3): 3 – 11

[18] 孔志军. 国外信息资源共建共享研究现状及发展趋势 [J]. 图书馆建设, 2008
(5): 33 – 36.

[19] JAMES J. KOPP. Library consortia and information technology: the past. the present, the
promise [J]. Information thchnology and libraries. 1998 (17): 7 – 12.

[20] DIANA D. DELANOY&CARLOS A. CUADRA. Directory of Academic Library Consortia
[M]. System Development Corporation, 1972.

[21] RUTH J.. Patrick Guidelines for Library Cooperation: Development of Academic Library
Consortia [M]. Library Consortia and Information Technology, 1972: 8 – 11.

[22] ODER N.. Consortia hit critical mass [J]. Library Journal, 2000, 125 (2): 48 –51.

[23] BARBARA MCFADDEN ALLEN& ARNOLD Hirshon. Hanging together to avoid hanging
separately: opportunities for academic libraries and consortia [J]. Information technol-
ogy and libraries, 1998 (17): 40.

[24] SHARON L. BOSTICK. The History and Development of Academic Library Consortia in
the United States: An Overview [J]. The Journal of Academic Librarianship, 27
(1): 128 – 130.

[25] ARNOLD HIRSHON. Libraries, Consortia, and Change Management [J]. The Jour-
nal of Academic Librarianship, 25 (2): 124 – 126.

[26] RODNEY ERICKSON. Choice for cooperative collection development [J]. Library Ac-
quisitions: Practice & Theory, 1992, 16 (1): 43 – 49.

[27] EDWARD P. MILLER. Collection development in a multi – system cooperative: An ac-
quisition policy and plan [J]. Library Acquisitions: Practice & Theory, 1986, 10
(4): 329 – 333.

图书馆服务共享

[28] MARGO SASSE. Automated acquisitions: The future of collection development [J]. Library Acquisitions: Practice & Theory, 1992, 16 (2): 135 – 143.

[29] GEORGINE N. OlSON&BARBARA MCFADDEN ALLEN. Cooperative collection management: the conspectus approach [M]. New York and London: Neal – Schuman Publishers, 1994: 107.

[30] GOLDNER. MATT, BIRCH. KATIE. Resource sharing in a cloud computing age [J]. Interlending & document supply, 2012, 40 (1): 4 – 11.

[31] POSNER, BETH. The ethics of library resource sharing in the digital age. Interlending & document supply, 2012, 40 (2): 119 – 124.

[32] FOURIE, INA. Global Resource Sharing [M]. Emerald group publishing linited, 2014.

[33] POSNER, BETH. Simpson, Evan. The Rethinking Resource Sharing Initiative: education, advocacy and inspiration for libraries. Interlending & document supply, 2011, 39 (3): 142 – 147.

[34] LEON, LE. Linking four libraries 9,012km apart: steps to global resource sharing. Interlending & document supply, 2004, 32 (1): 30 – 37.

[35] 朱莹莹. 九十年代我国文献资源共享研究综述 [J]. 图书馆建设, 1994 (4): 89 – 92.

[36] 徐恩元. 我国图书馆文献资源共享的发展方略 [J]. 四川图书馆学报, 1995 (3): 25 – 33.

[37] 孟广均, 徐引篪. 国外图书馆学情报学研究进展 [J]. 北京: 北京图书馆出版社, 1999.

[38] 程焕文, 潘燕桃. 信息资源共享 [M]. 北京: 高等教育出版社, 2004: 46.

[39] 戴龙基, 张红扬. 图书馆联盟——实现资源共享和互惠互利的组织形式 [J]. 大学图书馆学报, 2000 (3): 36 – 39.

[40] 马费成. 信息资源共享的经济效率——以书刊为例的分析 [J]. 中国图书馆学报, 2003 (4): 5 – 9.

[41] 孔兰兰, 高波. 法国图书馆的信息资源共享模式 [J]. 图书情报工作, 2010 (21): 58 – 61.

[42] 李朝阳, 高波. 英国图书馆信息资源共享模式研究 [J]. 图书情报工作, 2009

（03）：137 – 141.

［43］ 朱强．英国高等学校的信息资源共享 ［J］．大学图书馆学报，1998（6）：1 – 5.

［44］ 马江宝．台湾图书馆联盟的信息资源共享模式及启示 ［J］．新世纪图书馆，2011
（8）：74 – 76.

［45］ 潘妙辉，吴昊．广州市职业教育信息资源共建共享系统技术平台构想 ［J］．图书
馆论坛，2010（6）：160 – 164.

［46］ 孙冬林，鲁兴启．区域产业文献资源共享平台建设的探讨——以宁波纺织服装产
业为例 ［J］．浙江万里学院学报，2011（5）：13 – 15.

［47］ 杨思洛，陈湘杰．长株潭区域信息资源共享体系之构建 ［J］．图书馆，2011
（3）：87 – 90.

［48］ 胡开胜，肖静波．高校图书馆与公共图书馆服务体系的资源共享平台研究 ［J］．
图书馆学研究，2010（5）：49 – 53.

［49］ 张巧娜，孟树奎．海峡两岸科技信息资源共建共享的设想 ［J］．新世纪图书馆，
2011（02）：57 – 58.

［50］ 查先进．网络环境下政府资源的共享和保密 ［J］．图书情报知识，2002
（4）：2 – 5.

［51］ 黄书立．吉林省党校系统图书馆信息资源共建共享研究 ［J］．图书馆学研究，
2010（18）：42 – 45.

［52］ 吕莉媛．图书馆信息资源共享平台建设的影响因素分析 ［J］．图书馆学研究，
2011（23）：33 – 37.

［53］ 戴维民．20 世纪图书馆学情报学 ［M］．北京：北京图书馆出版社，2002.

［54］ 张新鹤，肖希明．我国图书馆信息资源共享机制现状调查与分析 ［J］．中国图书
馆学报，2011（03）：66 – 78.

［55］ 刘文清，鄢朝晖．湖南地区图书馆联盟的共建共享机制 ［J］．图书馆学研究，
2010（2）：43 – 46.

［56］ 何伟华，李圣清．高校多校区图书馆教学资源共享机制与多功能网络技术平台的
研究 ［J］．高校图书馆工作，2007（6）：31 – 34.

［57］ 张新鹤．信息资源共享机制绩效评估初探 ［J］．国家图书馆学刊，2010（03）：
13 – 17.

[58] 王春梅等．基于 P2P 技术的个人数字图书馆资源共享策略 [J]．情报杂志，2008 (04)：125 – 127.

[59] 翟拥华．区域医学信息资源共享策略研究 [J]．科技情报开发与经济，2011 (05)：143 – 144.

[60] 刘继坤．论高校图书馆的资源共享策略 [J]．安顺学院学报，2009 (5)：84 – 86.

[61] 杨在娟，戚连忠．浙江省科技文献资源共建共享策略探析 [J]．农业图书情报学刊，2008 (3)：22 – 24.

[62] 肖希明．国家信息政策与文献资源共享 [J]．图书情报工作．1997 (6)：5 – 7.

[63] 陈传夫．21 世纪两岸信息资源共享与保护 [J]．图书馆学研究，1998 (2)：56 – 58.

[64] 严峰．试论我国加入 WTO 后文献资源共享与知识产权保护之间关系的调整 [J]．图书情报工作，2002 (12)：28 – 34.

[65] 王知津，金胜勇．图书情报领域中的信息法律问题研究 [J]．图书与情报，2006 (2)：1 – 5.

[66] 顾潇华，李洪建．文献信息资源共建共享运行机制研究的综合探析 [J]．中国图书馆学报，2001 (4)：37 – 39.

[67] 卓越联盟．图书馆知识共享平台联合开通仪式在湖南大学图书馆举行 [EB/OL]．[2014 – 03 – 01].

[68] http：//www. sal. edu. cn/information – info. asp？id = 2344.

[69] 张国臣，等．北京财经类院校资源共享平台运行调查与分析 [J]．图书情报工作，2011 (55)：92 – 95.

[70] OCLC 简介 [EB/OL]．http：//www. oclc. org/asiapacific/zhcn/about/default. htm [2011 – 7 – 12].

[71] 吴慰慈．图书馆学基础 [M]．北京：高等教育出版社，2004：104.

[72] 薛冬哥．日本高等教育文献信息保障体系——日本文部省学术情报中心 [J]．大学图书馆学报，2000 (6)：74 – 78.

[73] 姚晓霞，朱强．日本、韩国等国高等教育文献信息资源共享概况 [J]．中国教育网络，2014 (2)：101 – 104.

[74] 黄宗忠．数字图书馆发展的新阶段——关于 Google、欧洲数字图书馆筹建的评价

与对策 [J]. 图书情报知识, 2005 (107): 5 – 15.

[75] 周军兰. Google 数字图书馆项目的多方博弈分析 [J]. 大学图书馆学报, 2006 (5): 20 – 27.

[76] http: //finance. jrj. com. cn/2008/12/3010393202793. shtml [2014 – 03 – 01].

[77] http: //www. ndlib. cn/ [2014 – 02 – 20].

[78] http: //www. nlc. gov. cn/ [2014 – 02 – 20].

[79] http: //www. nstl. gov. cn/ [2014 – 02 – 20].

[80] CALIS 介绍 [EB/OL]. [2011 – 7 – 30]. http: //project. calis. edu. cn/calisnew/ calis_ index. asp? fid = 1&class = 1

[81] CASHL 管理中心. 打造文献渊薮 繁荣社会科学——中国高校人文社会科学文献 中心 (CASHL) 启动 [J]. 大学图书馆学报, 2004 (3): 91

[82] http: //www. cashl. edu. cn/ [2014 – 02 – 20]

[83] 胡俊荣. 广东图书馆国际化发展战略研究 [J]. 广州: 暨南大学出版社, 2010.

[84] 杨新涯, 彭晓东. 重庆市大学城资源共享平台 "网上图书馆" 实践研究 [J]. 大学图书馆学报, 2011 (3): 61 – 65.

[85] 白冰, 高波. 国外图书馆资源共享现状、特点及启示 [J]. 中国图书馆学报, 2013 (3): 108 – 120.

[86] 张兆伦. 中外著名图书馆联盟合作项目的比较分析 [J]. 情报科学, 2012 (3): 55 – 56.

[87] 2012 年全国教育事业发展统计公报 [EB/OL]. [2013 – 10 – 21]. http: //www. moe. gov. cn/ publicfiles /business/htmlfiles/moe/moe_ 633/201308/155798. html.

[88] 程焕文, 王蕾. 竹帛斋图书馆学论剑: 用户永远都是正确的 [M]. 广州: 广东 人民出版社, 2008: 98

[89] 凌晓东. SOA 综述 [J]. 计算机应用与软件, 2007 (10): 122 – 124, 199.

[90] SOA, 引领软件发展新方向 [EB/OL]. http: //www. e – works. net. cn/tbbd/ soa/x1. htm.

[91] 孙瑾. 面向服务的 (SOA) 数字图书馆 [J]. 图书馆杂志, 2007 (5): 52 – 55.

[92] 费圣英. 电力企业信息化 SOA 实践 [M]. 南京: 南京大学出版社, 2007.

[93] 全国信息技术标准化技术委员会 SOA 标准工作组. 中国 SOA 最佳应用及云计算

融合实践 [M]. 北京：电子工业出版社，2012.

[94] 陈菡. SOA 技术在高校图书管理系统中的应用 [D]. 长春：吉林大学，2011.

[95] 涂振宁. SOA 技术及其在数字图书馆中的应用 [J]. 高等工程教育研究，2006（A1）：141－143.

[96] 姜爱蓉. 图书馆系统的过去、现在与未来 [J]. 数字图书馆论坛，2015（8）：2－7.

[97] 殷红，刘炜. 新一代图书馆服务系统——功能评价与愿景展望 [J]. 中国图书馆学报，2013（5）：26－33.

[98] 雷万云，等. 云计算 [M]. 北京：清华大学出版社，2011：2.

[99] Wik 百科云计算 [EB/OL]. https：//zh. wikipedia. org/wiki/ [2012－7－22].

[100] 李烨. 云计算的发展研究 [D]. 北京：北京邮电大学，2011.

[101] http：//it. 21cn. com/itnews/a/2015/0127/15/28960677. shtml [2014－02－21]

[102] 刘正伟，文中领，张海涛. 云计算和云数据管理技术 [J]. 计算机研究与发展，2012（1）：26－31

[103] 刘鹏. 云计算 [M]. 北京：电子工业出版社，2010（3）：20.

[104] 张鹏. 云计算的主要应用及网络安全研究 [J]. 信息通讯，2014（11）：87－88

[105] 杨宇环，张敏. 云计算技术在国内外图书馆应用现状 [J]. 合作经济与科技，2013（8）：36－38.

[106] DuraSpace 发布开源云服务 DuraCloud [EB/OL]. http：//catwizard. net/posts/20111115223117. html. [2014－8－12].

[107] 田雪芹. 云计算环境下图书馆变革的进展与趋势 [J]. 农业图书情报学刊，2010（11）：65－68.

[108] 李永先，等. 云计算技术在图书馆中的应用探讨 [J]. 江西图书馆学刊，2009（1）：105－06.

[109] 谷歌与中国大学合作推进云计算学术合作计划 [EB/OL]. http：//www. cnbe-ta. com/articles/51381. htm [2013－11－22].

[110] 王文清，陈凌. CALIS 数字图书馆云服务平台模型 [J]. 大学图书馆学报 2009（4）：13－18

[111] 王晓翎. 云计算环境下图书馆的服务创新 [J]. 情报资料工作，2012（4）：

82 - 84

[112] 范并思，胡小菁．图书馆2.0：构建新的图书馆服务［J］．大学图书馆学报，2006（1）：2 - 7.

[113] https：//www.michaelecasey.com/［2013 - 1 - 21］

[114] 全国图书馆信息咨询协作网．新加坡图书馆2000年报告［R］．［2003 - 09 - 17］．

[115] 韩小莉，王学华．图书馆2.0：提升图书馆服务的机遇［J］．中国科技信息杂志，2009（18）：161.

[116] 杨新涯，彭晓东．2.0的图书馆［M］．广州：中山大学出版社，2010：36.

[117] 吴汉华，王子舟．从"Web3.0"到"图书馆3.0"［J］．图书馆建设，2008（4）：66 - 71.

[118] 水藏玺．互联网时代业务流程再造［M］．北京：中国经济出版社，2015：04.

[119] ASTM 2000，ISO9001 - 2000，质量管理体系．要求［S］．

[120] CORDES S.，CLARK B..Business process management and the "new" library instruction：Navigating technology and collaboration［J］．College and Research Librarys News，2009（70）：272 - 275.

[121] 张晋平．社会分层与信息用户分级服务［J］．图书馆理论与实践，2008（1）：37 - 39.

[122] 朱强，张红扬，等．感受变革，探访未来——美国三所著名大学图书馆考察报告［J］．大学图书馆学报，2012（2）：5 - 11.

[123] 白莉娜，陆萍，乔爱丽，等．基于LibQUAL + TM的图书馆服务质量实证研究——以哈尔滨工程大学图书馆为例［J］．图书馆杂志，2014（9）．

[124] 徐小丽．上海市公共图书馆服务评价的应用研究［D］．上海：华东师范大学，2009：31.

[125] BARBARA QUINN. Robert Cooke and Andrew Kris［J］．Shared Service，1998（32）．

[126] 沈涌．数字信息资源整合策略与服务共享模式研究［D］．长春：吉林大学，2009.

[127] 苏建华．数字图书馆联盟服务共享模式研究［J］．图书馆学研究，2009（5）：35 - 37.

[128] 郭海明. 知识公共下的公共图书馆服务共享体系构建 [J]. 图书馆理论与实践, 2009 (5): 72 - 76.

[129] 余凌. 图书馆联盟服务共享模式探讨 [J]. 琼州学院学报, 2014, 04: 124 - 128.

[130] 王伟军, 甘春梅 WEB2.0 信息资源管理 [M]. 北京: 科学出版社, 2011 (08): 25.

[131] 邓超明. 网络整合营销实战手记 [M]. 北京: 电子工业出版社, 2012 (01): 49.

[132] OCLC 成员委员会探讨图书馆的创新 [EB/OL]. http://www.oclc.org/us/en/news/releases/20084.htm [2011 - 07 - 11]

[133] 周祖平. 让资源就在您的手中 [J]. 科学与财富, 2015 (01): 188.

[134] OCLC 成员委员会探讨图书馆的创新 [EB/OL]. http://www.oclc.org/us/en/news/releases/20084.htm [2011 - 07 - 11].

[135] 图书馆2.0工作室. 图书馆2.0: 升级你的服务 [M]. 北京: 北京图书馆出版社, 2008: 32.

[136] 中国银联网站 http://cn.unionpay.com/ [2013 - 06 - 16].

[137] 陈征. 航空联盟的收益共享模型研究 [D]. 北京: 北京理工大学, 2015.

[138] 刘斌. 中国经济型连锁酒店的发展战略研究——以如家、7天和汉庭为例 [D]. 广州: 中山大学, 2011.

[139] 段梅, 许欢, 赵晖. 数字时代高校读者阅读现状及图书馆导读研究 [J]. 图书馆学研究, 2010 (24): 85 - 89.

[140] 范并思. 理论图书馆学视野中的数字图书馆研究 [J]. 中国图书馆学报, 2002 (01): 24 - 28.

[141] 程焕文, 张靖. 公理的呼吁, 正义的呐喊图书馆合作与信息资源共享武汉宣言的启示 [J]. 大学图书馆学报, 2006, 24 (2): 13 - 15.

[142] 范洁. 中美图书馆馆际互借比较研究 [J]. 图书馆理论与实践, 2002 (2): 31 - 33.

[143] 龙敏. 基于网格技术的高校图书馆信息资源共享系统研究 [J]. 湖南大学学报 (社会科学版), 2009, 23 (2): 128 - 133.

[144] 陈亮. 图书馆信息资源共享的博弈分析 [J]. 情报理论与实践, 2004, 27 (4):

615－618.

[145] 马路，王杰贞，等．网络智力与技术资源的共建共享—北京高校网络图书馆虚拟参考咨询系统项目建设［J］．大学图书馆学报，2004（4）：53－56.

[146] 李欣荣．经济学视角下的图书馆资源共享的利益平衡分析［J］．商业时代，2008（15）：63－64.

[147] 马费成，李纲，查先进．信息资源管理［M］．武汉：武汉大学出版社，2001：81.

[148] 程焕文．信息资源共享［M］．北京：高等教育出版社，2004：59.

[149] 杨新涯，袁辉，沈敏．向服务平台转型的下一代图书馆管理系统实践研究［J］．图书馆杂志，2015（9）：23－27.

[150] 杨新涯，彭晓东，袁辉．重庆市大学城资源共享平台"网上图书馆"实践研究［J］．大学图书馆学报，2011（3）：61－65.

[151] 杨新涯，王文清，等．CALIS 三期共享域与图书馆系统整合的实践研究［J］．大学图书馆学报，2012（1）：5－8.